ModerationsMethode
Karin Klebert Einhard Schrader Walter Straub

Gestaltung der Meinungs- und Willensbildung in Gruppen,
die miteinander lernen und leben, arbeiten und spielen

Windmühle GmbH
Verlag und Vertrieb
von Medien · Hamburg

CIP-Kurztitelaufnahme der Deutschen Bibliothek

Klebert, Karin:
Moderationsmethode: Gestaltung der Meinungs- u. Willensbildung in Gruppen, d. miteinander lernen u. leben, arbeiten u. spielen / Karin Klebert; Einhard Schrader; Walter Straub. – Hamburg: Windmühle GmbH, Verlag und Vertrieb von Medien, 1985
ISBN 3-922789-18-8
NE: Schrader, Einhard:; Straub, Walter:

7. Auflage 1996
Alle Rechte vorbehalten
© Windmühle GmbH · Verlag und Vertrieb von Medien · Hamburg
Printed in Germany
ISBN 3-922789-18-8

Inhalt

I.	Einleitung	1
II.	Wie es dazu kam - ein ganz persönliches Kapitel	3
III.	Ankommen	11
IV.	Kennenlernen	15
V.	Die Situation wird geklärt	21
VI	Eine Gruppe entsteht	30
VII.	Die Gruppe arbeitet, und die Problemwolke verdichtet sich	43
VIII.	Krise und Höhepunkte: Der Problemhorizont lichtet sich	51
IX.	Nägel mit Köpfen machen	58
X.	Abschluß und Abschied	67
XI.	Was kommt danach?	72
XII.	Wie wird so ein Prozeß vorbereitet	76

I. Einleitung

Wir haben lange gezögert, eine zusammenfassende Darstellung der Moderations-Methode zu schreiben. Es gibt einige gewichtige Gründe, die dagegen sprechen, und die möchten wir zunächst vorstellen, bevor wir Sie bitten, sich dieses Buch "anzueignen".

1. Die ModerationsMethode ist kein in sich geschlossenes System. Wie Sie aus der Entstehungsgeschichte im ersten Kapitel sehen können, hat sie viele Mütter und Väter. Und sie ist nicht am grünen Tisch entwickelt worden, sondern im Zusammenhang mit der Lösung praktischer Probleme. Erfindungen, die zunächst für einen spezifischen Einzelfall gemacht wurden, wurden wiederholt, verändert, angepaßt, und dann wurde daraus eine Moderationsregel. Dieser Vorgang des ständigen Erfindens und Verwerfens, des Veränderns und Erweiterns macht die Lebendigkeit dieser Methode aus. Wenn nun ein "Standardwerk" über die ModerationsMethode vorliegt, so kann es leicht geschehen, daß sie als ein geschlossenes Regelwerk angesehen wird, das beckmesserisch durchgesetzt wird. Nichts wäre tödlicher für die Moderation als ein Lehrbuch!

2. Moderation ist ein Handwerk - vielleicht ein Kunsthandwerk. Wissen und Theorie spielen eine vergleichsweise untergeordnete Rolle gegenüber Geschicklichkeit und Erfahrung. Ein Buch suggeriert über die Annahme, das Lesen, Verstehen und Auswendiglernen mache schon den Meister. Aber wie der Kölner Dom nicht aus einem Architekturlehrbuch entstanden ist, sondern aus der Erfahrung, der Phantasie und dem handwerklichen Können der Baumeister, so ist auch Moderation keine Schreibtischtat, also eigentlich nicht lehrbuchfähig.

Daß wir uns dennoch entschlossen haben, ein Buch über die ModerationsMethode zu schreiben, hat nicht nur etwas mit unserer Eitelkeit zu tun. Vielmehr hat die ModerationsMethode inzwischen eine solche Verbreitung gefunden, daß es ratsam erscheint, denjenigen, die sie irgendwo einmal gelernt haben, ein Hilfsmittel an die Hand zu geben, das ihnen das Umgehen mit dieser Methode erleichtert und sie anregt, Neues auszuprobieren. Folglich kann dieses Buch nicht das aktive

Lernen des Moderierens ersetzen. Gerade weil das Verhalten des Moderators in der Gruppe ein elementarer Betandteil des Moderierens ist, braucht der Lernende das Feedback des erfahrenen Moderators und der Gruppe, in der er lernt. Dieser Lernprozeß kann durch kein Buch ersetzt werden.

Das Buch richtet sich also an die, die Moderation schon gelernt haben und sie in der Praxis anwenden. Es ist als Ringbuch konzipiert, damit der Leser es aktiv benutzen kann, das heißt Teile herausnehmen kann, die er für eine bestimmte Situation braucht, und vor allem, damit er es durch eigene Erfahrungen ergänzen kann. Das verstehen wir unter "Aneignen" des Buches.

Darüber hinaus werden wir immer wieder gefragt, was denn nun eigentlich Moderation sei, und immer wieder hatten wir die Schwierigkeit, die beiden Elemente der Moderation, die methodische und die Erlebnisebene, zu verdeutlichen. Wir haben deshalb versucht, in diesem gebundenen Teil eine Moderation zu beschreiben und anhand dieser Beschreibung zu erläutern, was daran Moderation ist. Es ist also - um in unserer Terminologie zu bleiben - die "Bauchebene", die Erlebnissphäre, die wir hier darzustellen versucht haben.

Das Ringbuch ist dann ganz der "Kopfebene", den Techniken vorbehalten. Wir haben versucht, ihn so praktisch wie möglich zu halten. Er ist gedacht als ein Werkzeugkasten für die Gestaltung von Moderationsprozessen.

Die Verbindung zwischen beiden Teilen stellen die Randverweise in diesem Heft dar. Überall, wo wir Methoden angesprochen haben, haben wir auf die ausführliche Beschreibung der Methoden im Ringbuch hingewiesen.

Nun wünschen wir Ihnen soviel Freude am Moderieren wie wir sie hatten bei ihrer Entwicklung und wie wir sie noch immer bei der Anwendung haben. So wie für uns die nächste Gruppe, die wir zu moderieren haben, die aufregendste ist, die wir je hatten, so sind Sie unser wichtigster Leser und Kritiker!

Gmund 1987

Karin Klebert   Einhard Schrader   Walter G. Straub

II. Wie es dazu kam – ein ganz persönliches Kapitel

Heute ist "Moderation", die Methode der Moderation ein Begriff. Moderation ist ein Handwerk, eine Kunst, das Gespräch zwischen Menschen sinnvoll und ergebnisreich zu machen. Vor zehn Jahren gab es weder die Methode, noch dieses Wort dafür. Es gab nur eine Situation und ein Problem.

<u>Die Situation</u>

Erinnern Sie sich noch an das Ende der sechziger Jahre? Es begann mit Proteston der Jugend gegen den Vietnamkrieg, gegen die Unterdrückung der Völker der dritten Welt. Der Gegenstand des Protestes rückte näher bei der Notstandsgesetzgebung in Deutschland. Damit zündete an den Universitäten ein Funke: aus dem Kampf gegen die ferne Unterdrückung wird der Aufstand gegen die hautnahe Unterdrückung in den Schulen, in den Universitäten, an den Arbeitsplätzen, in der Erziehung. War Politik vorher das Geschäft von Professionellen, wurde es jetzt zur Haltung des einzelnen. Es entwickelte sich die "Protestbewegung". Aus der konkreten Erfahrung des Widerstandes entstand erst das Bewußtsein, wer oder was wie sehr eingeschränkt ist. Es war ein Lernprozeß, intensiver, begeisterter und wirksamer als er je in Schulen und sonstigen Lehrinstitutionen möglich sein wird. In spontan sich entwickelnden Gruppen wurde freiwillig und gemeinsam gelernt. An der Erfahrung mit sich und der Bewegung wurde Wissen, Geschichte, Psychologie, Politik, Nationalökonomie, Psychoanalyse wirklich anwendbar. Die praktische Forderung, die den Lernprozeß für eine ganze Generation ermöglichte, hieß: Mitsprache, Beteiligung all derer an der Gestaltung von Lern- und Arbeitsprozessen, die bisher den Mund zu halten und zu arbeiten hatten: Mitsprache der Studenten bei der Auswahl des Lernstoffes, der Besetzung der Lehrstühle, den Prüfungsbestimmungen. Mitsprache der Auszubildenden bei Ausbildungsrichtlinien, Mitsprache der Bürger bei der Stadtplanung, Mitsprache der Kinder bei der Erziehung, Mitsprache der Schüler im Unterricht und den Fragen der Schulverwaltung. Nicht zuletzt hieß es auch Mitsprache der Frauen bei der Gestaltung der Welt.

Mitsprache, das bedeutet: Interesse entwickeln, sich eigene Gedanken machen, Verantwortung übernehmen, mitwirken können. Beteiligungsmodelle aller Art werden entwickelt. Die Folge war erstmal eine Unmasse neuer komplizierter Bestimmungen und eine sprunghafte Vermehrung und Verlängerung von Sitzungen aller Art. Immer mehr Menschen mußten mit immer mehr anderen Menschen über immer mehr Angelegenheiten reden.

Das Problem der Erfinder

Wir haben diese Erfahrung zur Genüge am eigenen Leib gemacht. In vielen Sitzungen (als Studenten, Assistenten, Kollegen, Planer) haben wir Höllenqualen an Körper und Geist gelitten. Wir fanden immer neue Schuldige, die anderen, die "Struktur", die Umwelt, die Organisation, die Vielredner usw., die wir dafür verantwortlich machten, daß es so unerträglich ist; alle reden zuviel und zu lange an allen anderen vorbei und es kommt nichts dabei heraus oder etwas, das keiner gewollt hat. Eines Tages begriffen wir: Es war nicht unbedingt so, daß die Menschen einander nicht beteiligen wollen, sondern sie können es nicht. Es gab kein Verhalten und keine Technik, die es ermöglichte, daß mehr als drei Menschen gleichberechtigt miteinander sprechen können! Wir alle kannten nur zwei Modelle, Vortrag und Diskussion, Lehrer und Diskussionsleiter. Die Machtposition ist dieselbe: Der Lehrer weiß, was richtig ist, der Diskussionsleiter weiß, wo es langgeht. Beide Modelle machen die Gleichberechtigung in einer Gruppe unmöglich. Machtpositionen in der Gruppe beseitigen ist wie ein Kampf mit der Hydra: Kaum hat man einen Führer abgesetzt, wächst der nächste nach. Erfahrungen mit Gruppendynamik, Teamarbeit, hierarchiefreiem Lernen brachten viele Anregungen für uns, aber keine Lösung. Gruppendynamik befaßte sich nur mit der Beziehung zwischen Menschen und gebar den Trainer oder Gruppenleiter als Autorität. Teamarbeit und hierarchiefreies Lernen scheiterten immer wieder an menschlichen Gewohnheiten, deshalb gibt es Teamleader und Lerngruppenleiter. Lehrer und Leiter traten in allen möglichen neuen Tarnungen wieder auf: Offensichtlich waren sie unvermeidlich. Diesen Schluß wollten wir nicht akzeptieren.

Zwei weitere Entwicklungstendenzen haben die Entstehung der Moderation darüber hinaus beeinflußt: Mit dem Ende der Ehrhard-Ära Mitte der sechziger Jahre entstand eine ungeheure Planungseuphorie. War Planung vorher ein Teufelswerk des Sozialismus gewesen, so wurde nun das Heil in der bis ins einzelne gehenden Planung gesehen. Der Glaube an ihre Bedeutung stand im umgekehrten Verhältnis zum Vorhandensein von Methoden, sie durchzuführen. Ganze Bibliotheken von Planungsliteratur wurden geschrieben, und in den verschiedensten gesellschaftlichen Bereichen entstanden Experimentierfelder für Planungsmethoden. Der andere Schub kam aus den Unternehmen und Organisationen. Mit abnehmenden Gewinnraten und zunehmendem Konzentrationsprozeß in der Wirtschaft wuchs die Komplexität der Probleme, die durch Planung gelöst werden mußten. Auch hier zeigte sich ein erhebliches Defizit an Planungsmethodik, das zunächst ausgeglichen wurde durch ein inflationäres Anwachsen von Planungsstäben. Die daraus entstehende "Expertokratie" verlor sehr schnell den Kontakt zur Basis, das heißt zu den Nutzern ihrer Planungsergebnisse. Eine zunehmende Abwehr gegen die unkontrollierte Macht der Planer kennzeichnete die Situation Anfang der siebziger Jahre in Deutschland.

An diesem Punkt trafen wir auf Eberhard Schnelle (heute Metaplan) und das Quickborner Team. Im Quickborner Team hatte noch eine weitere schlechte Erfahrung zu einer Erfindung auf dem Gebiet der Beteiligung geführt: Jedesmal wenn eine Büro- oder Organisationsplanung abgeschlossen war, gab es einen dicken Planungsbericht, der dann meist in einer Schublade verschwand, während alles beim Alten blieb. Ein allgemeines Planungsschicksal. Da werden monatelang von einigen Experten, richtige Kreative, zukunftsweisende Lösungen, die vielleicht sogar praktisch sind, erarbeitet, und hinterher will sie keiner haben. Das traurige Schubladendasein oder auch der zermürbende Durchsetzungskampf mit denen, die eine Planung realisieren sollen, brachte Eberhard Schnelle auf die Idee, die entscheidenden Personen (die "Entscheider" oder Hierarchen) einerseits und die Betroffenen andererseits bereits vor und während der planerischen Arbeit einzubeziehen und am Erfinden der Lösungen zu beteiligen. Das "Entscheidertraining" - die Keimzelle der Moderation war geboren.

Die kreative Lösung

Die kreative Lösung entstand Schritt für Schritt in vielen Experimenten in vielen, sehr unterschiedlichen Gruppen. Stellwände und (Kartei)karten wurden nicht mehr dazu benutzt, Analysen und Pläne für die Planer selbst sichtbar zu machen, sondern dienten dazu, das Gespräch einer Gruppe transparent zu machen. Packpapier und Filzstifte waren Hilfsmittel, deren Gebrauch wir bei jedem Training verfeinerten. So begann die Kunst der Visualisierung im Gruppenprozeß. Aber noch schwitzten wir und mühten uns ab, die Gruppe zu führen: Wir wollten sie irgendwohin haben. Wir zogen und schoben, aber wohin eigentlich? Dabei produzierten wir uns die Widerstände, die wir dann bekämpfen mußten. Dabei war die Lösung einfach und naheliegend. Der wichtigste Schritt, die Kopernikanische Wendung in der Gruppenarbeit, war, als wir erkannten: Die Menschen wissen etwas, sie können etwas, sie haben einen Willen. Lassen wir sie also das tun, was sie selber können und wollen. Damit geschah erst der Rollenwandel vom Planer, Experten, Gruppenleiter zum Moderator. Der "Trainer" (so nannten wir uns damals noch) sollte nicht mehr wissender Führer einer Gruppe, sondern Helfer, Hebamme für den Willen und die Erkenntnis der Beteiligten sein. Die Hebamme braucht Werkzeug und Methode, um dem Kind auf die Welt zu helfen. Wenn wir wissen wollen, was die Menschen wollen, müssen wir sie danach fragen. Das klingt ganz einfach, ist aber nicht so einfach.

Schweiß und Tränen

Der Umsetzung dieser Erkenntnis stand eine Menge im Wege:

o die Erwartung der Menschen,
o unser Unwissen: wie fragen? - was fragen? - wann fragen?,
o unsere eigene Haltung als Experten, Könner, Trainer.

Die Erwartung der Teilnehmer kurz zusammengefaßt, lautete: Wir kommen hierher, bezahlen viel Geld, dafür wollen wir von Euch wissen, was richtig ist und wie es gemacht wird.

Die Schwierigkeit lag darin, daß wir das eigentlich für berechtigt hielten. Wir waren daher der Empörung und dem Unwillen, die oft Antwort auf unser Fragen waren, nicht gewachsen. Wir reagierten unsicher und gekränkt, daß unser guter Wille und unsere tollen Erkenntnisse so mißachtet wurden. Das war wiederum Wasser auf die Mühlen der Teilnehmer. Wenn das alles noch mit bunten Karten, Filzstiften, Malereien und Klebepunkten verbunden war, lief das Faß über: "Spielerei", "Zumutung" und Schlimmeres waren die Reaktionen. Oft hat nur die persönliche Ausstrahlung und Wahrhaftigkeit von Eberhard Schnelle das versinkende Schiff gerettet.

Unser Unwissen war natürlich. Moderation war ja erst zu erfinden. Moderationsablauf gab es keinen. Jeder Schritt war improvisiert, denn alles Vorbereitete war schnell von der Situation überholt. Ein Einfall aus der Situation, die momentane Idee war das Entscheidende, was weiterhalf. Unser Vorwissen, unsere Erfahrung machten uns in der Notsituation erfinderisch. Wir probierten immer neue Fragen und lernten aus den Antworten und der Stimmung der Gruppe, ob wir falsch lagen oder mit Glück die richtige Spur gefunden hatten. Gelernt haben wir aus dem, was schiefging. So entstanden in den folgenden ersten siebziger Jahren die Frage- und Anworttechniken. Die eigene Haltung zu ändern war das Schwierigste überhaupt. Angetreten sind wir in der Haltung des Experten, Wissenden, des Leiters. Das hat uns das richtige, direkte und naive Fragen sehr erschwert. Wir dachten viel zu kompliziert (was wir ja auch mühsam gelernt haben). Außerdem fielen wir auf die Erwartung der Menschen, konsumieren zu können, herein wie Bienen auf den Honig. Stolz erzählten wir stundenlang Planungsexpertenwissen und andere Theorien, zum Beispiel über Gruppendynamik.

Dieses Dozieren wurde aber, je mehr wir an Boden im Fragen gewannen, desto mehr zum Lückenbüsser für Notsituationen. Je mehr das Vertrauen in unser eigenes Vorgehen wuchs, desto mehr Vertrauen hatten wir auch zur Gruppe und konnten sie ihrer Eigendynamik überlassen. Natürlich suchten wir nach theoretischen Begründungen und Rechtfertigungen für jedes methodische Experiment. Das war für uns selbst lehrreich, im Gruppenprozeß half es nur wenig. Im Ge-

genteil, eine vorgebrachte Theorie tötete oft die mühsam entfachte Dynamik des Gesprächs.

Außerdem irritierte uns immer wieder die Forderung nach Steuerung, die von den Teilnehmern kam. Es wurde uns beides vorgeworfen - meist zu gleicher Zeit von denselben Menschen, - daß wir zuviel oder zuwenig, zu raffiniert, zu offensichtlich, zu lasch oder zu hart steuerten. Wir ließen uns verunsichern und machten es von Mal zu Mal anders, warfen das Steuer manchmal jäh herum, manchmal ließen wir es ganz fahren. Dieses Verhalten entsprach unserer eigenen Unsicherheit, unserem eigenen Lernprozeß. Dabei entwickelte sich langsam das, was wir heute moderatorische Haltung nennen:

o zuzuhören, wer, wann, was sagt und was das für die Gruppe bedeutet;
o die Gruppe und ihre Entwicklung wichtig zu nehmen und nicht sich selbst;
o den Zwang, sich produzieren zu müssen, vor der Gruppe zu glänzen, sein zu lassen;
o die Bemühungen darauf zu konzentrieren, die Situation richtig einzuschätzen und dann das Richtige zu tun oder das Falsche zu lassen. Dabei ist "richtig" und "falsch" etwas sehr Subjektives, das zum Gelingen der Gruppenarbeit beiträgt;
o nicht den eigenen Leistungsdruck vornan zu stellen. Es ist meist viel schwerer, nichts zu leisten als etwas zu leisten.

Moderation war geboren als diese Haltung für uns und andere sichtbar wurde. Denn ohne diese Haltung wäre Fragetechnik nur ein mieser Trick.

Der unaufhaltsame Durchbruch

Der unaufhaltsame Durchbruch kam ganz allmählich. Sehr langsam wurde deutlich, daß Moderation nicht nur unserem Bedürfnis entsprang, sondern auf ein stets wachsendes Bedürfnis vieler Menschen nach besserer Kommunikation stieß. Ein erstes Anzeichen dafür war, daß Menschen zu uns kamen, die von uns Moderieren lernen wollten. Wir entwarfen das erste Moderatorentraining. Die

Durchführung der Moderatorentrainings trug sehr dazu bei, uns mehr Klarheit über das, was wir moderieren nannten, zu verschaffen. Unsere methodischen Handlungen wurden präziser und einfacher. Damit gewannen wir wieder an Sicherheit und Mut, uns mit noch schwierigeren Gruppensituationen auseinanderzusetzen.

Die Erlernbarkeit der Moderation war Vorbedingung für ihre weitere Ausbreitung. An der Wirkung der frischgebackenen Moderatoren erkannten wir, wie unterschiedlich Moderation sich - je nach dem Benutzer des Werkzeugs - auswirken kann. Anwendung der Technik macht noch nicht den Moderator. Deshalb wurde es für uns wichtig, auch unsere Erfahrung mit der Haltung des Moderators übertragbar, das heißt erlernbar zu machen. Der Schwerpunkt der weiteren Entwicklungsarbeit lag nun auf dem Verhalten des Moderators, das heißt auf der Arbeit an uns selbst.

Gleichzeitig mit dem Moderatorentraining entwickelten wir ein Modell der Moderation großer Gruppen, den "Informationsmarkt". Der erste fand 1973 mit 1000 Teilnehmern statt. Diese Erfindung trug in den nächsten Jahren ebenfalls sehr zu Ausbreitung der Moderation bei. Heute ist die Moderation in Deutschland so verbreitet, daß die Situation bereits unübersichtlich ist. Das bedeutet, daß Moderation beginnt, zum Allgemeinbestand an Kulturtechniken zu gehören.

Das Ziel der Moderation

Die erwähnte Unübersichtlichkeit veranlaßt uns, noch einmal die "Botschaft" der Moderation hervorzuheben, die für uns wichtig ist: Moderation ist ein Handwerk und eine Kunst zur Verbesserung der menschlichen Kommunikation. Damit reiht sie sich in eine Kette von Erfindungen in den letzten Jahrzehnten ein, die alle dem gleichen Ziel dienten: die Methoden der humanistischen Psychologie, das personal growth, Selbsterfahrung, TZI, Gestalt usw. sind alle der gleichen Mantelfalte des Zeitgeistes entstiegen. Das Ziel ist, daß Menschen angesichts einer entfremdeten, total verwalteten und industrialisierten

Welt menschlicher werden können, mit sich selbst und den anderen in Kontakt kommen können, statt nur zu kaufen und gekauft zu werden. Die "Botschaft" ist, daß wir nur Menschen werden, wenn wir anfangen, Verantwortung für uns selbst und unsere Umwelt zu übernehmen und lernen mit unserer Energie sinnvoll umzugehen. Das zu lernen, ist aber die Aufgabe jedes einzelnen. Veränderung ist keine Frage der Macht mehr, sondern eine Frage der Haltung jedes einzelnen. Moderation ist ein methodisches Angebot auf dem Weg dieser Haltungsänderung.

III. Ankommen

Stellen Sie sich vor, Sie kommen an einem fremden Ort in ungewohnter Umgebung an. Sie sind gekommen, um gemeinsam mit einer Gruppe von Menschen ein Problem zu bearbeiten, das in der Alltagssituation Ihres Arbeitsplatzes immer wieder beiseite geschoben wurde, das zu komplex und ungriffig war, als daß es sich in ein paar Sitzungen hätte lösen lassen.

Sie haben gehört, daß dieses Problem nun unter der Leitung von zwei Moderatoren (schon wieder so ein Modewort!) angepackt werden soll. Vielleicht haben Sie auch schon ein paar vage Gerüchte über Moderation gehört. Da werden endlose Mengen von Packpapier vollgeschrieben, da werden haufenweise Klebepunkte verteilt, da geht alles ein bißchen unordentlich und unernst zu. Mit anderen Worten: Sie kommen mit einem gehörigen Maß an Skepsis und nehmen sich vor, sich kein X für ein U vormachen zu lassen! Vielleicht sind Sie freiwillig gekommen, dann sind Sie gespannt, was Sie erwartet. Vielleicht sind Sie aber auch einer oder eine von denen, die mit sanfter Gewalt hierher beordert wurden, und nun sind Sie sauer, weil Sie sich nicht genügend gewehrt haben.

Sie kommen also an, und nichts ist wie sonst. Sie betreten einen Raum, der fast nichts mit dem gewohnten Sitzungszimmer gemein hat: Er ist groß, warm, gemütlich, einladend, eine ungewohnte aber angenehme Atmosphäre. Der Boden ist mit einem Teppich ausgelegt, moosgrün wie ein Waldboden, dunkle Holzbalken und eine braune Holzbar geben dem Raum einen rustikalen Anstrich, warme Farben herrschen in Stühlen und Gardinen vor, Kerzen auf den Tischen und gedämpftes Licht, eine Ecke, in der bunte Kissen ausgelegt sind, lassen eher an ein gemütliches Zusammensein denken als an harte Arbeit.

Erschreckt Sie das? Schließlich sind Sie zum Arbeiten hergekommen und nicht, um eine Candle-light-party zu feiern! Aber es ist ja Abend und vielleicht beginnt der Ernst des Lebens erst am nächsten Morgen. Ein dekoratives, appetitliches kaltes Buffet, das in einer Ecke steht, bestärkt sie in der Vermutung, daß die angenehmen Seiten des Lebens hier nicht vergessen werden.

In einer Ecke stehen einige Menschen bequem um einen Tresen und plaudern. Vielleicht entdecken Sie bekannte Gesichter. Die Namen der Unbekannten finden Sie schnell heraus, denn jeder hat auf sein Hemd einen Tesakrepp-Streifen geklebt, auf dem in gut lesbaren Buchstaben sein Name steht. Manche haben ihren Namen auch verwegen auf das Hosenbein geklebt oder am Ärmel befestigt. Wenn Sie den Namen finden wollen, müssen Sie sich den ganzen Menschen ansehen, und dabei nehmen Sie schon etwas mehr wahr als sonst, wo der Mensch unterhalb der Krawatte aufhört.

Überhaupt: Krawatten sehen Sie hier nur wenig, denn schon in der Einladung stand die Empfehlung, sich mit Freizeitkleidung auszustatten. Wer hier in Schlips und Kragen steht, dem lugt der Arbeitsalltag noch aus allen Knopflöchern. Die ersten Kontakte entstehen beim Aperitif an der Bar, werden enger beim gemeinsamen Essen. Die Beklemmung, die Sie beim Hereinkommen empfunden haben, löst sich. Dabei hilft Ihnen die Musik im Hintergrund, ein heiterer Mozart vielleicht oder Vivaldi. Wein, Bier oder was Sie sonst zum Essen trinken mögen, stehen zur freien Verfügung und helfen, das Gefühl von Fremdheit zu überwinden.

Dann verebbt die Musik, das Licht wird heller. Sie bemerken daß im Raum auch Tafeln - in einer Ecke zusammengestellt - stehen, Sie sehen einen Bock mit großen Bogen Packpapier, bunte Karten, pinnboards an den Wänden, Kästen mit Filzstiften auf kleinen

Tischchen. Nun kommt die "offizielle" Begrüßung, nicht so ganz steif und formal sondern schon ein bißchen wärmer und lockerer als sonst, und ehe Sie es sich versehen, hantieren Sie mit fremden Material, den Stelltafeln, dem Packpapier und den Filzstiften herum, um sich bekannt zu machen und die anderen kennen zu lernen - doch davon im nächsten Kapitel.

III. Ankommen
Was heißt hier moderieren?

Für viele Menschen ist es nicht einfach, die gewohnte Arbeitsatmosphäre zu verlassen, um in ungewohnter Umgebung mit neuen, zum Teil unbekannten Menschen neue Formen des miteinander Redens und Arbeitens auszuprobieren. In der Moderation akzeptieren wir dieses Unbehagen und versuchen, eine Umgebung zu schaffen, die es dem einzelnen erleichtert, mit seinem Unbehagen umzugehen. Dieses Unbehagen äußert sich je nach Temperament ganz unterschiedlich. Von stiller Zurückgezogenheit über muffiges Danebenstehen, über verdeckte und offene Agressionen bis hin zu verkrampfter Fröhlichkeit finden sich alle Reaktionen in der Anfangsphase einer Moderation. Kein Verhalten ist besser oder schlechter als das andere, aber es ist unsere Aufgabe als Moderatoren, die Menschen mit sich selbst, mit anderen Teilnehmern und mit uns warm werden zu lassen. Und es ist wichtig, für uns eine Situation herzustellen, in der wir mit der Gruppe warm werden können.

Moderations-
umgebung
(S. 169 ff)

IV. Kennenlernen

Aus der gemütlichen, dämmerig-besinnlichen Essensstimmung ist eine geschäftige, geräuschvolle Arbeitsstimmung geworden: Stelltafeln werden im Raum verteilt, Packpapiere aufgehängt, Filzstifte zusammengesucht, die Gruppe nimmt Raum und Material in Besitz. Wie ist es dazu gekommen?

Nachdem die organisatorischen Einzelheiten geklärt sind, nachdem klar ist, wo jeder sein müdes Haupt hinlegen kann, wann und wie er was essen und trinken kann und - meist die wichtigste Frage am Anfang - um wieviel Uhr am letzten Tag Schluß ist, nachdem also alle vordergründigen Probleme ausgeräumt sind, kann der Prozeß des Kennenlernens formell beginnen. Die Moderatoren haben dazu folgendes Plakat vorgestellt:

Diesen "Steckbrief" gestaltet nun jeder. Er klärt damit ab, was und wieviel er von sich in diesem Moment der Gruppe zeigen will. Gleichzeitig macht er sich mit dem ungewohnten Material vertraut. Vergleiche mit der Schrift der Moderatoren werden angestellt, Entschuldigungen für die schlechte Schrift in Gedanken vorformuliert. Überhaupt spielen Entschuldigungen in dieser Phase eine große Rolle, denn viele Menschen sind in dieser Situation hin- und hergerissen zwischen dem Reiz der Selbstdarstellung und der Angst vor zu viel Offenheit. Aber jeder merkt auch, daß er von den anderen nur soviel erfährt, wie er von sich selbst zu zeigen bereit ist.

Während die einen noch vor ihrem Plakat brüten sind die anderen, die schnellen, schon fertig, laufen im Raum herum, kiebitzen schon einmal an den anderen Tafeln, merken häufig, daß sie vielleicht doch ein bißchen schludrig waren und kehren verstohlen an ihre Plakate zurück, um noch die eine oder andere Ergänzung anzubringen.

Wenn alle fertig sind, versammeln sich die Teilnehmer in der "Kuschelecke", lassen sich halb sitzend, halb liegend auf den Kissen nieder, während einer nach dem anderen sein Plakat vorstellt. Schon bei der Nennung des Namens gibt es erste Signale, wieviel Intimität der einzelne in der Gruppe zulassen will, ob er nämlich nur seinen Nachnamen (mit oder ohne Titel) angibt oder seinen Vornamen dazu schreibt oder ob er gar nur seinen Vornamen nennt. Schon an dieser Stelle wird häufig die Frage diskutiert, ob man sich "Siezen" oder "Duzen" will. Eine einheitliche Meinung entsteht zu diesem Zeitpunkt selten, aber jeder kann jetzt mit seinem Wunsch nach Nähe und Distanz umgehen.

Auch in Gruppen, die sich schon länger kennen, die ständig miteinander arbeiten, löst diese Phase viele Aha-Erlebnisse aus.

Denn Informationen über die Familiensituation, die berufliche Entwicklung, die Kriegs- und Nachkriegserfahrungen werden selten in dieser Klarheit am Arbeitsplatz ausgetauscht.

Die Moderatoren haben ebenfalls einen "Steckbrief" angefertigt und stellen ihn ebenso vor wie die Teilnehmer. Sie dokumentieren damit, daß sie sich als Teil der Gruppe betrachten, daß sie ebenso neugierig und ebenso ängstlich sind wie die Teilnehmer und daß sie keine Sonderrolle in dem informellen Beziehungsgefüge spielen wollen.

Aber mit dem persönlichen Kennenlernen der Teilnehmer sind meist noch nicht alle Unklarheiten beseitigt. Viel Schutt aus der Vergangenheit haben die Teilnehmer häufig in die Situation mit hinein gebracht, der nun noch beiseite geräumt werden muß. So wissen viele Teilnehmer trotz ausführlicher Einladungsschreiben nicht, was sie hier sollen. Sie wissen nicht, wer was von ihnen erwartet und wer welche "Aktien im Geschäft hat", das heißt wie der einzelne von den Ergebnissen der Moderation betroffen ist.

Die Moderatoren greifen diese Unsicherheit auf. Sie stellen zwei Tafeln mit leeren Packpapieren auf. Auf der einen hängt eine rote Karte mit dem Text: "Ich befürchte, daß hier ...", auf der anderen hängt eine grüne Karte mit dem Text: "Ich hoffe, daß hier ...". Die Teilnehmer schreiben nun auf die entsprechenden Kartenfarben ihre Hoffnungen und Befürchtungen. Die Moderatoren sammeln die Karten ein und hängen sie dann an die Tafeln. Dadurch werden die Erwartungen transparent, und häufig findet sich in der Gruppe der eine oder andere Teilnehmer, der eine Reihe von Fragen beantworten kann. (Um welche Fragen es hier im einzelnen geht, wird im nächsten Kapitel beschrieben.) Sicher sind an dieser Stelle noch nicht alle Vorbehalte ausgeräumt, aber es ist eine Atmosphäre entstanden, die jedem einzelnen signalisiert, daß er hier seine Wünsche und Befürchtungen äußern kann, ohne dafür bestraft zu werden.

Der Abend endet - jedenfalls in seinem offiziellen Teil - damit, daß die Moderatoren ein Plakat vorstellen, auf dem die Ziele der gemeinsamen Arbeit festgehalten sind. Das Plakat kann etwa so aussehen:

Arbeitsschritte
- Probleme sammeln und auswählen
- Zielsetzung klären
- Probleme bearbeiten
- Informationen austauschen
- Lösungen finden

Je nach Lust und Laune finden sich die Teilnehmer noch zu kleinen informellen Gruppen zusammen, trinken einen Schluck miteinander oder ziehen sich zurück. Die Beleuchtung wird wieder gedämpft, Hintergrundmusik erleichtert unbefangene Gespräche.

IV. Kennenlernen
Was heißt hier moderieren?

Kennenlernen heißt zunächst einmal: Vertrauen gewinnen, zu sich, zu den Teilnehmern, zu den Moderatoren, zur Umgebung. Es heißt aber auch: nur soviel Offenheit herstellen, wie jeder einzelne für sich zulassen möchte und kann. Dieses Ziel könnte vielleicht auch mit einer rein verbalen Vorstellungsrunde erreicht werden, wie sie in vielen Seminaren üblich ist. Aber die visualisierte Struktur hat zwei Vorteile. Sie gibt zum einen jedem die gleiche Chance, sich selbst darzustellen und in Ruhe darüber nachzudenken, ohne gleichzeitig anderen zuhören zu müssen. So erhält jeder von den anderen ein notwendiges Minimum an Informationen. Zum anderen erhöht die visualisierte Form die Merkfähigkeit.

<small>Visualisierung (S. 31 ff)</small>

Namen kann man besser behalten, wenn man sie einmal gelesen hat, die optische Gestaltung eines Plakats läßt die Persönlichkeit des einzelnen plastischer hervortreten als die verbale Kurzvorstellung.

<small>Frage- und Antworttechniken (S. 49 ff)</small>

Moderieren heißt in dieser Phase wie immer: die richtigen Fragen stellen.

Dazu müssen sich die Moderatoren vorher folgende Gedanken machen:

o Was wissen die Teilnehmer schon voneinander?
o Was wollen die Teilnehmer vermutlich voneinander (und von den Moderatoren) wissen?
o Welche Fragen erlauben es den Teilnehmern, ein bißchen mehr über sich zu äußern als sonst, ohne sie dabei zu überrumpeln?

Je nach zur Verfügung stehender Zeit, nach Absicht der Moderatoren und Art der Gruppe gibt es verschiedene Kennenlern-Spiele. Sie sind im Methodenteil beschrieben.

Kennenlernen (S. 69 f)

Für die Moderatoren ist es wichtig, die Fragen etwa eines Steckbriefs jedesmal neu zu formulieren und nicht auf alte Kamellen zurückzugreifen. Zum einen hilft ihnen das, sich auf jede Gruppe neu einzustellen und deren spezifische Bedürfnisse vorauszuahnen. Zum anderen erlaubt es ihnen, ihren eigenen Steckbrief jedesmal frisch zu entwerfen. Sie vermeiden damit Routine und Perfektion und können jedesmal im Hier und Jetzt über ihre eigene Bereitschaft zu Offenheit entscheiden. Nichts ist für die Gruppe und die Moderatoren tödlicher als die "Roboter-Moderation".

Häufig stellt sich erst am Abend selbst heraus, mit welchen Vorbehalten und Ängsten die Teilnehmer ankommen. Darauf sollten die Moderatoren spontan reagieren. Einerseits müssen sie der Gruppe ermöglichen, offene Fragen, die im Vordergrund stehen und die Sicht auf die gemeinsame Arbeit versperren, anzubringen. Zum anderen sollten aber auch keine schlafenden Hunde geweckt werden, das heißt die Moderatoren sollten nicht mit Gewalt Probleme herauskitzeln, wo keine sind.

Anwärmen (S. 75 ff)

Es kann also durchaus sein, daß ein Anwärmabend mit der gegenseitigen Vorstellung endet und dann in eine lockere Gruppenbildung übergeht.

V. Die Situation wird geklärt

Wenn die Teilnehmer am Morgen den Raum betreten, hat er sich verändert. In einer Ecke ist eine Sitzrunde aufgebaut. Stühle stehen im Halbkreis ohne Tische davor. Die Front bilden drei bis vier Stelltafeln, auf denen Plakate hängen, die noch verdeckt sind. Tageslicht erleuchtet den Raum und die Partyatmosphäre des Abends ist einer erwartungsvollen Arbeitsatmosphäre gewichen. Bis alle Teilnehmer eingetroffen sind, ist Gelegenheit, noch einen Kaffee zu trinken oder den Nachdurst des Abends mit Mineralwasser oder Säften herunter zu spülen.

Als die Teilnehmer sich in der Plenumsecke versammeln, ist die Stimmung erwartungsvoll. Der Eindruck herrscht vor, daß die Spielereien nun ja wohl zu Ende sind und daß jetzt die Arbeit beginnt. So falsch ist dieser Eindruck nicht, aber das muß ja nicht heißen, daß nun der Spaß vorbei ist und altbekannte Sitzungsregeln eingeführt werden. Schließlich war der erste Abend kein Trick, sondern der Hinweis auf den Stil, der auch tagsüber herrschen soll.
(siehe nächste Seite).
So beginnt es denn auch mit einer weiteren Abfrage zu den Erwartungen an diese Zusammenkunft. Die Moderatoren stellen das folgende Plakat vor:

Sie erläutern, welche Bedeutung die vier Ecken des Koordinatenkreuzes haben und fordern die Teilnehmer auf, ihren Punkt auf die Stelle innerhalb des Koordinatenfeldes zu setzen, die ihre persönliche Erwartung in bezug auf die beiden Variablen darstellt.
Sind die Punkte geklebt, dann bitten die Moderatoren die Gruppe, das Bild zu interpretieren, das sich aus dieser Kleberunde ergeben hat. Hinweise, was die einzelnen Punkte zu bedeuten haben, werden stichwortartig auf dem Plakat mitgeschrieben.

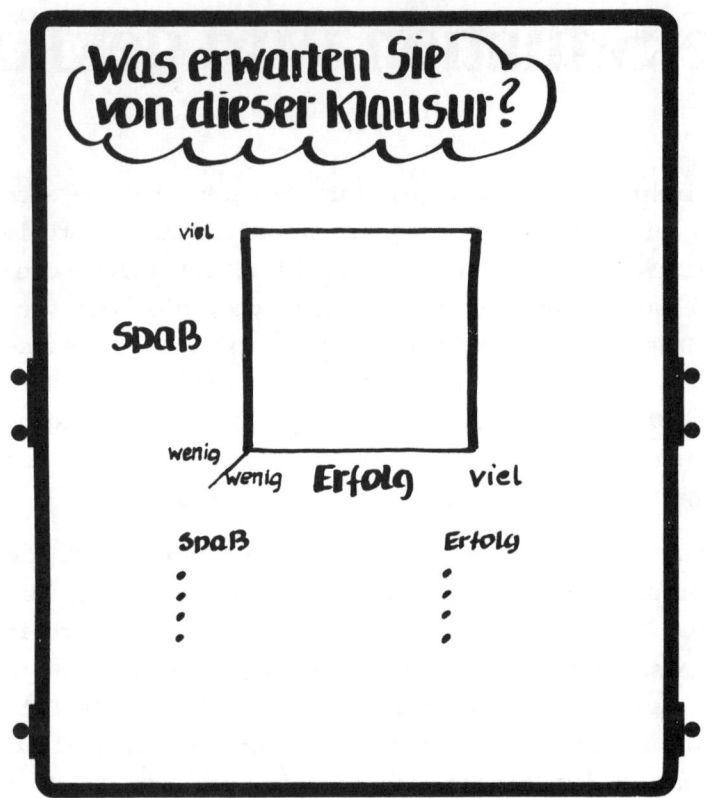

Nun ist die Gruppe "im Boot" und die Arbeit am Problem kann beginnen. Wenn es nicht schon am Abend vorher geschehen ist, können an dieser Stelle die noch offenen Fragen zu dieser Zusammenkunft geklärt werden.

Diese Erwartungen und Bedingungen, die im Vorfeld der Klausur festgelegt worden sind, werden an den konkreten Erwartungen der Gruppe, so wie sie heute zusammengekommen ist, gemessen. Mögliche Unterschiede können durch eine Ein-Punkt-Frage aufgedeckt werden, die etwa so lautet: "Wie weit glauben Sie, daß diese Gruppe die an sie gestellten Erwartungen erfüllen kann?" Das

Punkteergebnis liefert die Möglichkeit, mit der Gruppe die in sie gesetzten Erwartungen zu diskutieren und ein vorläufiges Ziel für die gemeinsame Arbeit festzulegen.

Nun räumen die Moderatoren die bisher benutzten Stellwände fort und holen neue, mit leerem Packpapier bespannte Stellwände. Auf der ersten Tafel steht als Überschrift die Frage: "Worüber müssen wir in diesen Tagen sprechen?" Die Teilnehmer werden aufgefordert, ihre Antworten auf Karten zu schreiben und für jede Aussage eine neue Karte zu benutzen. Die Karten werden von den Moderatoren eingesammelt.

Während geschrieben wird, herrscht konzentrierte Stille. Jeder ist damit beschäftigt aus seinem Gedächtnis, seinen Unterlagen, vielleicht auch aus seinem Herzen, alle die Themen herauszugraben, die für ihn mit dieser Gruppe zu diesem Zeitpunkt wichtig sind. Und jeder kann seine Gedanken liefern, ob er nun schüchtern oder vorlaut ist, "hochkarätig" in der Hierarchie oder nur ein "kleines Licht". Jede Karte ist gleich wichtig, keine Karte wird zensiert.

Die Karten werden von den Moderatoren eingesammelt und nacheinander vorgelesen. Die Gruppe bestimmt, welche Karten zusammengehören, welche Aussagen, Wünsche, Themen, Forderungen, Vorschläge zusammenpassen. Sie werden in "Klumpen" auf den leeren Plakaten zusammengehängt, und so entfaltet sich vor der Gruppe ein erstes differenziertes Bild von dem Problemfeld, mit dem sie es in den nächsten Tagen zu tun haben werden. Haben alle Karten ihren Klumpen gefunden, dann werden die Klumpen mit einem dicken Filzstift eingerahmt und die Gruppe sucht nach dem Begriff, der den jeweiligen Klumpen gut charakterisiert. Die Begriffe werden in eine vorbereitete Liste eingetragen, und zum Staunen der Gruppe ist innerhalb einer halben Stunde eine Diskussion gelaufen, für die sonst Stunden gebraucht werden, nämlich die Verständigung darüber, worum es denn nun eigentlich geht. Und das alles ohne lange Reden, ohne ermüdende Diskussionsbeiträge, ohne frustrierende Hahnenkämpfe.

Und noch etwas anderes ist jedem einzelnen deutlich geworden, daß nämlich das Problem viel komplexer, vielschichtiger ist als er es sich vorgestellt hat. Jeder hat seinen Aspekt deutlich gemacht, und die Summe all dieser Aspekte ist weit mehr als sich jeder einzelne ausdenken kann.

Bevor jedoch der "horror pleni", das Erschrecken vor der Fülle der Themen, einsetzt, gilt es auszuwählen, wo die Schwerpunkte gesetzt werden sollen. Die Moderatoren decken eine Karte auf, die bisher verdeckt über der Themenliste gehangen hat: "An welchen Themen sollten wir anfangen zu diskutieren?" steht darauf, und das ist die Frage, die die Gruppe mit Hilfe von Selbstklebepunkten nun beantwortet. Je nach Gewicht, das der einzelne den Themen beimißt, klebt er einen oder mehrere Punkte hinter das jeweilige Thema. Im Nu haben sich einige Themen herauskristallisiert, an denen das Problem angepackt werden soll. Die Themen mit den meisten Punkten werden mit großen Buchstaben gekennzeichnet. Was mit ihnen passiert zeigt das nächste Kapitel.

V. Die Situation wird geklärt
Was heißt hier moderieren?

Diese erste inhaltliche Phase der Problemdiskussion stellt die Weichen für die gesamte Arbeit. Es ist deshalb notwendig, die Gruppe auf die gemeinsame Arbeit, die vor ihr liegt, zu konzentrieren, sie auf das Thema hin anzuwärmen. Wer überraschend ins kalte Wasser gestoßen wird, fängt an zu strampeln und tritt auf der Stelle. Nur wer sich auf seinen Start konzentriert, sich Zeit nimmt zum richtigen Absprung, kommt schnell voran.

Es gibt verschiedene methodische Möglichkeiten, diese Einstiegsphase zu gestalten.

Einstiegsfragen (S. 75 ff)

Allen gemeinsam ist, daß sie sowohl die inhaltliche als auch die emotionale Ebene ansprechen. Denn der Prozeß des Arbeitens in einer Gruppe ist nicht nur sachliche Auseinandersetzung, sondern er ist immer auch begleitet von Sympathie und Antipathie, von Wünschen und Ängsten, von Offenheit und Distanz. Die Einstiegsfragen und alle anderen Transparenzfragen haben die Funktion, diese Ebene für die Gruppe verfügbar zu machen.

Transparenzfragen (S. 105 ff)

Die nächste Phase, die in unserem Beispiel beschrieben ist (sie kann auch schon Bestandteil des ersten Abends sein), ist wichtig, um die Teilnehmer nicht auf einem Berg von Fragen sitzen zu lassen, die die Bereitschaft zur gemeinsamen Arbeit hindern würden. Es besteht allerdings die Gefahr, daß sich an dieser Klärung der Vorgeschichte schon die eigentliche Problemdiskussion entzündet, bevor ein Überblick über das Themenspektrum entstanden ist. Die Moderatoren tun deshalb gut daran, diese Phase möglichst kurz zu halten, die wichtigsten Aussagen auf einem leeren Plakat mitzuvisualisieren, um möglichst schnell in die zukunftsgerichtete Themensammlung einzusteigen.

Vor allem in kürzeren Veranstaltungen ist es notwendig, an dieser Stelle mit den Teilnehmern eine Verabredung über die Zeiteinteilung zu treffen. Auch dieser grobe Ablaufplan wird auf einem Plakat festgehalten und bleibt während der gesamten Zeit sichtbar hängen. Damit wird erreicht, daß die Gruppe Mitverantwortung für den zeitlichen Ablauf übernimmt und der Moderator aus der Rolle des Antreibers und Zeitjägers herauskommt.

Die Kartenfrage ist wohl eine der bekanntesten und verbreitetsten Moderationstechniken, aber es ist auch eine der schwersten. Sie verlangt von den Moderatoren einige Übung und ein gutes Zusammenspiel.

Beantwortung mit Karten (S. 57 f)

Oberstes Ziel bei der Kartenfrage ist, daß die Moderatoren der Gruppe dazu verhelfen, ihren Problemhorizont zu bestimmen. Sie dürfen deshalb den Kartenstrom der Teilnehmer nicht bremsen, auch wenn sich in ihrer Hand ein beängstigender Stapel an Karten ansammelt. Ein bis zwei Reservetafeln im Hintergrund, die zum Klumpen herangezogen werden können, nehmen den Moderatoren die Angst, mit dem Platz nicht auszukommen. Die zweite wichtige Regel ist, das Klumpen wirklich mit der Gruppe gemeinsam durchzuführen. Wenn die Moderatoren die Zuordnungen selbst vornehmen, verfällt die Gruppe schnell in Passivität und identifiziert sich nicht mehr mit dem Ergebnis.

Die Problemsammlung wird intensiver, wenn statt der Kartenfrage Kleinstgruppen (Zweiergruppen) gebildet werden, die nach einem vorgegebenen Scenario die Probleme sammeln, die diskutiert werden sollen. Die Kleinstgruppen stellen ihr Ergebnis dem Plenum vor, und die Themen werden im Themenspeicher gesammelt und anschließend wie bei der Kartenfrage bewertet. Dieses Verfahren ist zwar intensiver, weil schon erste Diskussionen in den Kleinstgruppen beginnen, aber es ist auch wesentlicher zeitaufwendiger, weil alle Ergebnisse der Kleinstgruppen im Plenum

Beantwortung in Kleingruppen (S. 63 ff)

vorgestellt werden müssen. Außerdem sind Wiederholungen nicht zu vermeiden, was in der Vorstellungsphase leicht ermüdet. Dieses Verfahren ist aber in jedem Fall vorzuziehen, wenn eine Gruppe sehr ängstlich und ungeübt in Diskussionen ist. Die Kleinstgruppe erhöht dann das Vertrauenspotential der Gruppe.

Muß die Gruppe noch mit Informationen vertraut gemacht werden, die sie zur Bearbeitung der Themen braucht, so ist dies der Zeitpunkt, sie vorzustellen. Sie sollen in jedem Falle visualisiert sein.

Visualisierung (S. 33 f)

Und Sie sollen erst nach der Problemsammlung eingebracht werden, damit die Gruppe nicht in ihrer Kreativität beeinflußt wird. Ergeben sich aus dem Informationsteil weitere Themen, so sind sie ohne Schwierigkeiten in den Themenspeicher einzufügen. Sie können dann im folgenden Bewertungsvorgang mit zur Disposition gestellt werden.

Die Bewertungsfrage müssen sich die Moderatoren genau überlegen. Die Alternativen zu unserem Beispiel sind:

Auswahl aus dem Themen- oder Problemspeicher (S. 89 f)

o Welche Themen müssen am dringendsten behandelt werden?
o Welche Themen sind die wichtigsten?
o Welche Themen sind am einfachsten zu behandeln?
o Bei welchen Themen können wir am ehesten praktische Lösungen erarbeiten?
o usw.

Welche dieser Fragen die Moderatoren wählen, hängt ab von dem Ziel, das sie erreichen wollen (siehe 10. Kapitel). In jedem Fall muß die Frage deutlich gestellt und für alle sichtbar visualisiert sein, weil sie die Entscheidung der Teilnehmer wesentlich beeinflußt.

An dieser Stelle ist es wichtig, einiges über das Rollenverständnis des Moderators zu sagen. Denn nur, wenn seine eigene Rolle ihm selbst und der Gruppe ganz klar ist, kann er seine Funktion als Prozeß-Steuerer erfüllen.

Verhalten des Moderators (S. 1 ff)

Die Autorität des Moderators kommt aus zwei Quellen: Die eine ist seine methodische Kompetenz, das heißt er muß die Moderation technisch beherrschen und er muß in der Lage sein, Probleme auf der Beziehungsebene der Gruppe zu erkennen und mit ihnen

umzugehen. Dazu muß er das Machtgefüge der Gruppe durchschauen, muß sich häufig zum Anwalt der "Unterprivilegierten" machen, ihnen zur Artikulation verhelfen, um Kreativität und Engagement der Gruppe voll zur Entfaltung bringen zu können.

Die zweite Quelle ist seine Akzeptanz. Er muß innerhalb der Organisation, die ihn beauftragt hat, autorisiert sein, den Freiheitsspielraum, den die Gruppe hat, zu sichern. Und er muß das Vertrauen der Gruppe genießen, daß er mit der Steuerung des Gruppenprozesses keine eigenen Interessen verbindet.

Wichtigste Voraussetzung für diese beiden Beine, auf denen er steht, ist seine Neutralität. Er darf weder sachlich noch persönlich von dem Problem, das die Gruppe bearbeitet, betroffen sein, und er muß außerhalb des Machtgefüges der Gruppe stehen. Nun ist ja aber auch ein Moderator kein Eunuch, auch er hat seine Wertvorstellungen und Meinungen, die er nicht verdrängen kann und soll. Aber wenn er sie einbringt, muß er der Gruppe deutlich machen, daß er an dieser Stelle seine neutrale Position verläßt. Folgt die Gruppe ihm in seinen inhaltlichen Vorstellungen nicht, dann muß er in seine neutrale Position zurücktreten (oder die Moderation abgeben). Die Entscheidung über Ziele und Inhalte der Diskussion liegt ausschließlich bei der Gruppe.

Eine solche Rolle ist nur schwer durchzuhalten, wenn der Moderator allein vor der Gruppe steht. Es ist deshalb unerläßlich, daß die Moderation immer von zwei Moderatoren durchgeführt wird. Ausnahmen von dieser Regel gibt es bei der Konferenzmoderation.

Konferenzmoderation
(S. 246 f)

VI. Eine Gruppe entsteht

Die Gruppe wird allmählich unruhig. Die lange Plenumsphase - man sitzt jetzt schon gut eine Stunde zusammen - hat die motorischen Bedürfnisse stark eingeschränkt. Außerdem sind die Teilnehmer nun "heiß", endlich ihre Ideen und Diskussionsbeiträge loszuwerden.

Das ist eine gute Voraussetzung, um mit der Detailarbeit zu beginnen. Die Moderatoren fordern die Teilnehmer auf, sich ein Thema von den mit Buchstaben bezeichneten, am höchsten bewerteten Themen auszusuchen, an dem sie in der nächsten halben bis ganzen Stunde diskutieren möchten. Sie schreiben den Themenbuchstaben und ihren Namen auf ein rundes Kärtchen, und ohne große Schwierigkeiten finden sich die Kleingruppen zusammen, um nun miteinander zu arbeiten. Da nicht mehr als fünf Personen eine Kleingruppe bilden, kann sich jeder beteiligen und seinen Teil zum Gelingen der Arbeit beitragen.

Bevor die Kleingruppen mit ihrer Arbeit beginnen, stellen die Moderatoren ihnen ein "Scenario" vor. Es soll den Kleingruppen helfen, ihr Gespräch zu strukturieren. Es ist der Situation angepaßt, in der sich die Gruppe befindet und hat die Aufgabe, zu einer präziseren Problembeschreibung, zu einer differenzierten Betrachtungsweise zu führen. Das Scenario sieht etwa folgendermaßen aus:
(siehe nächste Seite)
Geschäftigkeit bricht aus. Tafeln werden geholt, in Ecken zusammengestellt, mit Packpapier bespannt. Die Teilnehmer versorgen sich mit frischen Getränken und setzen sich voller Erwartungen in den durch Tafeln abgeschirmten Kleingruppenkuhlen zusammen. Das zunächst etwas störende Stimmengewirr im Raum wird

bald nicht mehr wahrgenommen, denn die Konzentration richtet sich schnell auf das, was in den Kleingruppen passiert.

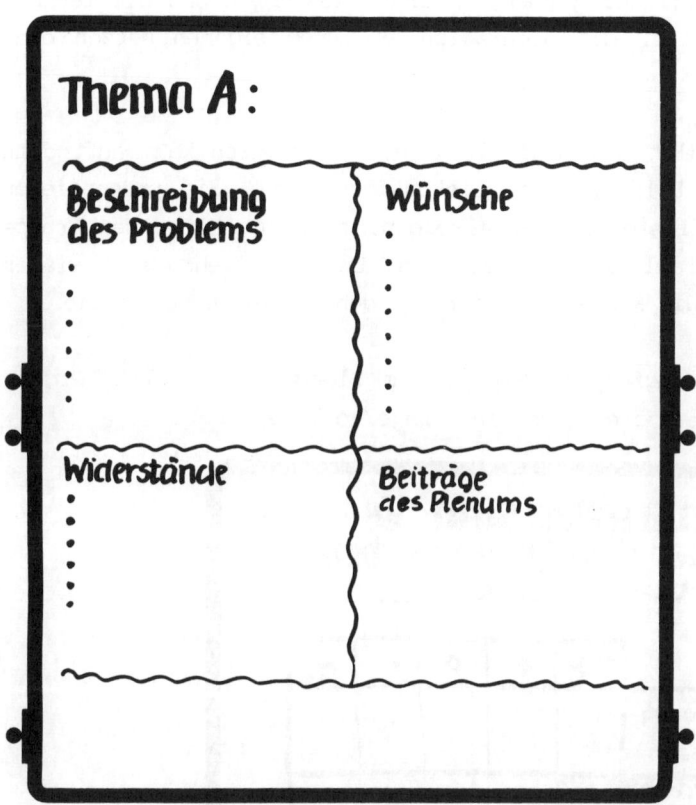

Die Moderatoren gehen von Gruppe zu Gruppe und helfen, Startschwierigkeiten zu überwinden. Sie sorgen dafür,

o daß die Kleingruppen möglichst schnell ihre Diskussion (lesbar!) mitvisualisieren. Damit spinnt sich die Kleingruppe ihren eigenen roten Faden;
o daß die Gruppe sich nicht in eine Meinungsverschiedenheit verbeißt, sondern den Punkt über den weiter diskutiert werden muß mit einem ⚡ versieht und zum nächsten Punkt übergeht;
o daß die Probleme so konkret wie möglich angesprochen und aufgeschrieben werden;

o daß nicht gleich an die Lösungen gedacht wird, sondern mehr Gewicht auf die gemeinsame (oder trennende) Problemsicht gelegt wird;
o daß die Teilnehmer lernen, einander zuzuhören und die technischen Hilfsmittel der Moderation zu ihrem eigenen Nutzen einsetzen.

Der Gruppe fällt das Eingreifen der Moderatoren kaum auf, denn sie sind nur Helfer, nicht Diskussionsleiter. Sie präsentieren keine langen Listen mit Spielregeln, sondern helfen der Gruppe von Fall zu Fall über die Klippen. Und sie ziehen sich wieder zurück, wenn die Kleingruppe ihren Faden wieder gefunden hat.

Bevor die Kleingruppenergebnisse im Plenum vorgestellt werden, haben die Moderatoren noch eine Frage vorbereitet:

Das Punkteergebnis zeigt, daß die Teilnehmer mit ihren sachlichen Ergebnissen noch nicht recht zufrieden sind, daß aber die Kommunikation in den Gruppen als gut empfunden wurde. Nur einige Ausreißerpunkte gibt es. Sie bieten die Gelegenheit, kurz darüber zu sprechen, was in der Kleingruppe los war, wie die

Gruppe sich selbst an einer guten Arbeitsatmosphäre gehindert hat. Einige Stichworte auf dem Frageplakat halten das Gespräch fest: Das Unbehagen ist aufgedeckt, die Aufmerksamkeit des Plenums ist nun auf die Arbeitsergebnisse der Kleingruppen gerichtet.

Die Kleingruppenergebnisse werden jeweils von zwei Gruppenmitgliedern vorgestellt, die sich abwechseln, ergänzen, unterstützen. Die Moderatoren bitten die übrigen Plenumsmitglieder, ihre Beiträge auf Kärtchen festzuhalten und im Anschluß an die Präsentation in den freien Raum auf dem Plakat zu hängen. Sie nennen das "Schriftlich Diskutieren" und erreichen damit, daß die Präsentation nicht ständig unterbrochen wird, daß aber dennoch alle Beiträge erhalten bleiben.

An den Ergebnissen der Kleingruppen entzünden sich zum Teil heftige Diskussionen. Die Wortführer versuchen, die Diskussion an sich zu ziehen, die Stillen lehnen sich resignierend in ihre Stühle zurück. Die Moderatoren unterbrechen solche Plenumsdiskussionen und ergänzen den Themenspeicher mit den Themen, die die Diskussion ausgelöst haben. Das schafft bei dem einen oder anderen, der sich sehr engagiert hat, Frustrationen, aber die Moderatoren versuchen, der Gruppe klar zu machen, daß das Festbeißen an einem beliebigen Punkt die Breite der Diskussion einschränkt, die bisher erreicht wurde und daß doch bitte die Gruppe als ganze entscheiden solle, worüber im nächsten Schritt intensiver nachgedacht werden sollte. Das beruhigt die Teilnehmer, aber erste Zweifel an dem Vorgehen der Moderation bleiben bestehen. Damit müssen Moderatoren und Teilnehmer zunächst einmal leben.

Der Themenspeicher wird auch ergänzt um die Punkte, über die die Gruppe keine Einigkeit erzielt hat und über die deshalb weiter gesprochen werden sollte. Daraus müssen nicht immer neue Themen entstehen. Es kann sich auch um die stichwortartige Ergänzung schon vorhandener Themen handeln.

Der Themenspeicher ist nun auf 30 bis 40 Punkte angewachsen und den Teilnehmern schwirren die Köpfe. Die Übersicht geht verloren. Das Problem, das heute morgen noch so klar strukturiert zu sein schien, wächst sich zu einem Ungeheuer aus, das die Menschen zu verschlingen droht. Die Stimmung wird entsprechend mißmutiger.

Die Moderatoren schieben ein Blitzlicht ein: Jeder Teilnehmer sagt kurz, wie er sich im Moment fühlt. Sie fordern ihn auf, nur von sich, nicht für die anderen zu sprechen, nicht anderen auf ihre Blitzlichter zu antworten. Die Blitzlichter drücken ein gewisses Maß an Erschöpfung und Ratlosigkeit aus. Aber sie machen auch deutlich, daß es keinen Weg zurück gibt in die alten Diskussionsstrukturen. Zu sehr hat sich die Kommunikation schon verändert, als daß irgend jemand nach dem starken Mann rufen würde, der die Sache in die Hand nimmt und von der Verwirrung entlastet. Die Teilnehmer spüren, daß aus den Einzelindividuen eine Gruppe entstanden ist, die ihre Probleme selbst lösen kann, die auch durch die Tiefpunkte gemeinsam hindurchgehen will.

Nun ist wieder Energie vorhanden, sich erneut mit dem Themenspeicher auseinanderzusetzen. Neuerlich werden Punkte verteilt, die Moderatoren stellen eine neue Bewertungsfrage: "Mit welchen Themen müssen wir uns jetzt beschäftigen?"

Wieder werden Schwerpunkte sichtbar, werden Kleingruppenthemen ausgewählt, werden Kleingruppen gebildet. Die Kleingruppen arbeiten nach demselben Scenario wie vorher, aber es wird deutlich, daß die Gruppen nun geübter sind: Die Schriften werden deutlicher lesbar, die Aussagen prägnanter, die unterschiedlichen Auffassungen werden klarer sichtbar. Was in der ersten Runde noch hingeschlurt war, wird jetzt ernsthafter besprochen.

Die anschließende Vorstellung im Plenum zeigt, daß mit den konkreteren Ergebnissen schon mehr anzufangen ist. Einige Themen können als abgeschlossen betrachtet werden, andere weisen auf neue, in der "Problemgeologie" tiefer liegende Schichten hin, die nun in Angriff genommen werden können. So etwas wie Euphorie bemächtigt sich der Gruppe: Sie ist durch ein Wellental hindurch gegangen, hat nicht aufgegeben, hat gelernt, was auch schon Münchhausen wußte, daß man sich nämlich selbst am eigenen Schopf aus dem Dreck ziehen kann.

Das ist ein guter Zeitpunkt für die Moderatoren, der Gruppe die Gelegenheit zu geben, sich über ihren Zustand klar zu werden. So stellen Sie folgende Ein-Punkt-Frage:

Haben wir die wichtigsten Probleme angepackt?

++	+	o	−	=

Das Punktergebnis streut breit. Die Skeptiker, die sich im verbalen Gespräch nicht geäußert haben, machen deutlich, daß sie nicht ganz so euphorisch sind. Es bietet sich an, mit der Gruppe zu besprechen, was am nächsten Tag unbedingt passieren sollte, und nachdem auch die verschiedenen Vorstellungen sichtbar geworden sind, hat die Gruppe sich eine Entspannung verdient.

Es ist Zeit für das Abendessen, für das die Raumatmosphäre wieder dem vorhergegangenen Abend angepaßt wird: Gedämpfte Beleuchtung, die Tafeln werden beiseite geschoben, Hintergrundmusik erleichtert es, sich in eine neue Stimmung zu versetzen. Das gemeinsame Abendessen erlaubt es, in lockerer, unstrukturierter Form die Erfahrungen des Tages auszutauschen. Langsam schwinden die inneren Spannungen, und die Teilnehmer merken, wie anstrengend dieser so locker abgelaufene Tag für sie war.

Am Abend besteht das Bedürfnis, noch zusammen zu bleiben, etwas miteinander zu tun. Die Moderatoren bieten dafür Spiele an, die es erlauben, in entspannter Form die Kommunikationserfahrungen des Tages nachzuvollziehen, Schwierigkeiten besprechbar zu machen und Wünsche an einzelne oder an die Gruppe zu formulieren. Die Gruppe findet sich dazu in der Ecke mit den Kissen zusammen, ohne Stelltafeln, ohne Packpapier und Filzstifte: Aus der Arbeitsatmosphäre ist eine zwangslose Gesprächsatmosphäre entstanden

VI. Eine Gruppe entsteht
Was heißt hier moderieren?

Die Gruppenbildung erfolgt auf beiden Handlungsebenen parallel: der inhaltlichen Ebene, auf der das sachliche Problem bearbeitet wird, und auf der Beziehungsebene, auf der die Kommunikationserfahrungen gesammelt werden. Aufgabe der Moderatoren ist es, der Gruppe beide Ebenen, ihren Zusammenhang und ihre gegenseitige Beeinflußung vor Augen zu führen. Nur so kann die Gruppe - und jeder einzelne in ihr - seinen Teil an Verantwortung für den gesamten Prozeß übernehmen.

Auf der Sachebene vollzieht sich in unserem Beispiel zunächst einmal eine Aufspaltung der Diskussionsschwerpunkte in Kleingruppen. Damit soll dreierlei erreicht werden:

Regeln für die Kleingruppenarbeit (S. 101 f)

o In Kleingruppen bis zu fünf Personen ist die Kommunikation jeder mit jedem noch möglich. So kann jeder an dem Gespräch teilnehmen und sein Interesse einbringen. Gruppen, die größer sind, neigen dazu, wieder in Untergruppen zu zerfallen.

o Das parallele Diskutieren von Themen hat darüberhinaus einen Rationalisierungseffekt: Während im Plenum immer nur ein Thema zur Zeit diskutiert werden kann, können in Kleingruppen vier bis fünf Themen gleichzeitig angegangen werden. Die Vereinigung findet dann später im Plenum wieder statt.

o Jeder Teilnehmer kann sich den Problemaspekt heraussuchen, der ihm am wichtigsten erscheint. Dadurch entsteht eine wesentlich größere Bereitschaft, Energie in die Diskussion zu pumpen, als bei "verordneten" Themendiskussionen.

Es gibt auch noch andere als die hier gezeigte, problemorientierte Kleingruppenbildung. Sie werden im Methodenteil näher beschrieben.

Beantwortung in Kleingruppen (S. 63 ff)

Mit den Scenarien steuern die Moderatoren die Kleingruppenarbeit. Sie müssen deshalb ausgerichtet sein auf das Ziel, das mit der Gruppe erreicht werden soll. In der Anfangsphase, in der es darum geht, die Komplexität des Themas auszuweiten, sollten Begriffe wie "Lösungsvorschläge", "Aktivitäten", "Erste Schritte" vermieden werden. Vorzuziehen sind dagegen Begriffe wie "Problembeschreibung", "offene Fragen", "Konflikte" usw. In der Schlußphase sollen dann die handlungsorientierten Scenarien überwiegen. Welche Scenarien es im einzelnen gibt, wird im Methodenteil dargestellt.

Kleingruppenscenarien (S. 99 f + S. 135 f)

Während der Kleingruppenarbeit ist es wichtig, daß die Moderatoren wirklich neutral bleiben. Wenn sie versuchen, der Gruppe ein bestimmtes Ergebnis einzureden, kommt das böse Erwachen im Plenum bei der Vorstellung, wenn sich die Gruppe mit ihrem Ergebnis nicht mehr identifiziert und deutlich wird, daß der Moderator hier inhaltlich eingegriffen hat. Das kann ihn viel Vertrauen in der Gruppe kosten.

Regeln für die Kleingruppenarbeit (S. 101 f)

Vor allem in der Anfangsphase sollte die Kleingruppenarbeit nicht zu lange dauern. In der Regel reicht eine halbe bis dreiviertel Stunde. Die Gefahr bei längerer Dauer besteht darin, daß die Kleingruppe schon zu weit fortschreitet in der Diskussion und den Anschluß an das Plenum verliert. Das führt leicht zu hartnäckigem Verteidigen der Gruppenergebnisse im Plenum und damit zu geringerer Offenheit der Diskussion.

Eine kritische Phase der Kleingruppenarbeit tritt ein, wenn sich die Teilnehmer an einer Meinungsverschiedenheit festbeißen. Auch wenn der Moderator in dieser Phase nicht in der Gruppe ist, merkt er es daran, daß in diesem Zustand keiner mehr visualisiert - ein Hinweis, einzugreifen und die Gruppe auf die Regel aufmerksam zu machen, mit der sie ihre Auseinandersetzung vertagen kann. Wir haben häufig erlebt, daß sich ein Konflikt, der in einer Kleingruppe heftig diskutiert wurde, später als völlig belanglos herausgestellt hat. Es geht in der Kleingruppe nicht darum, völlige Übereinstimmung zu erzielen, sondern das Feld abzustecken, in dem sich die Teilnehmer einigen müssen, um später gemeinsam handeln zu können. Völlige Übereinstimmung in den wichtigen Punkten ist ohnehin meist nur durch Vergewaltigung zu erzielen!

In der Plenumsphase, in der die Kleingruppenergebnisse vorgestellt werden, müssen die Moderatoren vor allem auf Tempo achten. Meist sind in der ersten Phase die inhaltlichen Ergebnisse noch nicht so aufregend, dafür ist das Selbstdarstellungsbedürfnis der Präsentatoren um so größer. Wer gerade am Reden ist, hat selten ein Gefühl dafür, wie ermüdend seine Weitschweifigkeit ist. Eine ausufernde Diskussion im Plenum läßt sich gut mit dem Hinweis auf das "Schriftliche Diskutieren" vermeiden und mit der Erklärung, daß ja alle Plakate im späteren Simultanprotokoll festgehalten werden. Das "Schriftliche

Vorstellen der Kleingruppenergebnisse im Plenum (S. 103)

Simultanprotokoll (S. 143 ff)

Diskutieren" gibt - wie die Kartenfrage - auch den Schüchternen Gelegenheit, sich an der Diskussion zu beteiligen.

Wenn eine Phase inhaltlicher Diskussion abgeschlossen ist, gibt es immer eine gute Gelegenheit, den abgelaufenen Kommunikationsprozeß zu reflektieren. Dazu bieten sich verschiedene Ein-Punkt-Fragen an, zum Beispiel:

o Wie offen können wir hier miteinander reden?
o Haben wir schon den richtigen "Biß" auf unser Problem?
o Wie ist ihre Stimmung im Moment?

Alle diese Transparenzfragen sind nur sinnvoll, wenn der Moderator sie zum Anlaß nimmt, sie mit der Gruppe auszuwerten und die wichtigsten Stichworte auf dem Plakat festzuhalten.

Spürt der Moderator ernsthafteres Unbehagen, dann bietet sich ein Blitzlicht in der Form an, wie es im Beispiel beschrieben ist.

Herstellen von Transparenz auf der Beziehungsebene (S. 109 ff)

Die Stimmung, die in unserem Beispiel nach der Vorstellung der Kleingruppenergebnisse geschildert worden ist, ist nicht untypisch. Sie beruht darauf, wie die folgenden Kurven illustrieren, daß die zunehmende Komplexität ein Unbehagen auslöst, daß das Problem, je mehr es sich ausweitet, desto unlösbarer erscheint und daß die gewohnten Ordnungs- und Entscheidungsstrukturen durcheinander geraten. Für Moderatoren ist das oft eine beängstigende Situation, und sie sind versucht, von ihrem Konzept abzuweichen und die uralte Plenumsdiskussion wieder auferstehen zu lassen. Wenn sich Moderatoren dieses Zusammenhangs bewußt sind, hilft ihnen das vielleicht, auch depressive Phasen mit der Gruppe durchzuhalten.

Ablauf eines Problemlösungsprozesses

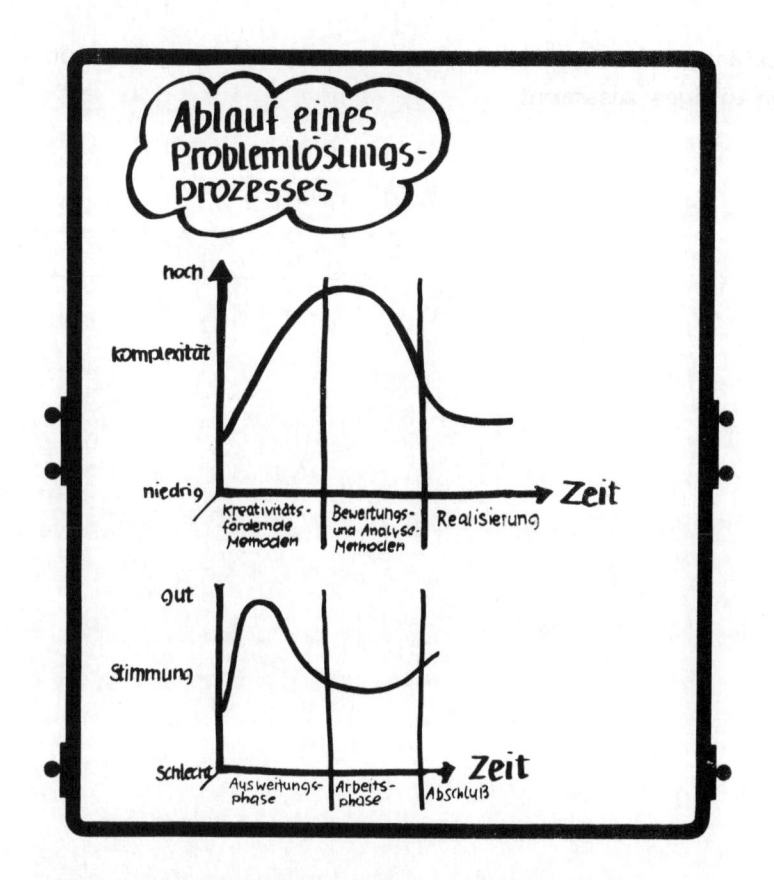

(Diagramm 1: Komplexität über Zeit – hoch/niedrig; Phasen: kreativitätsfördernde Methoden, Bewertungs- und Analyse-Methoden, Realisierung)

(Diagramm 2: Stimmung über Zeit – gut/schlecht; Phasen: Ausweitungsphase, Arbeitsphase, Abschluß)

Für den Gruppenprozeß ist es hilfreich, wenn die Gruppe abends noch zu gemeinsamer Aktivität zusammenbleibt, die es erlaubt, das Tagesgeschehen in anderer Form aufzugreifen. Kegelabende oder Trinkgelage mögen entspannend sein, schieben aber meist die Erlebnisse des Tages eher beiseite als daß sie zur Verarbeitung von Erlebnissen führen. Im Methodenteil sind Hinweise zur Abendgestaltung enthalten.

Abendgestaltung
(S. 167 f)

Und ein letzter Hinweis: der erste volle Tag ist für die Moderatoren meist der anstrengendste. Sie sollten darauf achten, daß sie für sich genügend Energie auftanken, um am nächsten Tag voll einsatzfähig zu sein. Wie das nächste Kapitel zeigt, braut sich nämlich einiges zusammen!

VII. Die Gruppe arbeitet und die Problemwolke verdichtet sich

Der Raum steht voller Tafeln, behängt mit Kartenabfragen, Kleingruppenergebnissen, Themenspeichern, Stimmungskurven. Wer in diesem Augenblick den Raum neu betritt, hat den Eindruck eines unübersichtlichen Chaos - und den Teilnehmern geht es nicht viel anders. Gestern haben sie an einem, ihnen nun recht beliebig erscheinenden Punkt ihr Problem angepackt, aber wenn sie sich jetzt ihre Arbeitsergebnisse ansehen, dann will alles nicht mehr recht plausibel erscheinen. Der Themenspeicher, in dem sie ihr Problem zerlegt haben, scheint ihnen abstrakt, schlagworthaft; die Kleingruppenergebnisse sind banal und nichtssagend.

Gestern haben sie sich noch den Moderatoren anvertraut, die ja die Experten sind und die die Gruppe schon sicher durch Ober-, Unter-, Haupt- und Nebenprobleme steuern werden. Aber kann man ihnen wirklich vertrauen? Schließlich verstehen sie von unseren Problemen nichts, haben keine Ahnung welche Lösung richtig, welche falsch ist, retten sich offensichtlich, wenn sie nicht mehr weiterwissen, in diese läppischen Karten und Klebepunkte und sind sich darüber hinaus noch so unverschämt sicher.

Hier muß etwas geschehen, sonst geht das Ganze den Bach hinunter, sonst kommt nichts heraus und die ganze Zeit wird nur mit albernen Spielchen vertan. An dieser Stelle fühlen sich als erste die Systematiker aufgerufen, Ordnung in das Chaos zu bringen. Sie schlagen vor, doch nun einmal das ganze Problem grundsätzlich anzupacken. Und schon hebt einer von ihnen zu einem längeren Vortrag an, um den anderen zu erklären, wie das Problem anzupacken und zu lösen sei.

Die Mehrheit der Gruppe ist ihm dafür dankbar. Enthebt er sie doch der Verantwortung, sich selbst mit ihrem Unbehagen auseinanderzusetzen. Wenn jetzt einer die Richtung angibt, dann kann man sich ja immer noch entscheiden, ob man ihm folgen will.

Aber die Moderatoren stören diesen friedlichen Ablauf. Sie sehen, wie die Mehrzahl der Gruppenteilnehmer sich behaglich zurücklehnt, ihre Aktivität an den neuen Gruppenführer abgibt und damit aus dem aktiven Prozeß aussteigt. Wenn es jetzt den Moderatoren nicht gelingt, die ganze Gruppe wieder einzubeziehen, dann wird bald alles wieder nach herkömmlichem Muster ablaufen, wird einer sagen "wo es lang geht" und die anderen werden sich hinterher, wenn es an die Konsequenzen geht, vorsichtig aber zielstrebig abseilen.

Die Moderatoren unterbrechen den Alleinunterhalter und schieben eine Ein-Punkt-Frage ein: Auf einer Skala von ++ bis -- sollen alle angeben: "Haben wir unser Problem im Griff?" Jeder Teilnehmer bekommt einen Punkt und klebt ihn auf das schnell vorbereitete Plakat. Die meisten Punkte erscheinen im 0 bis - Bereich. "Woran liegt das?" fragen die Moderatoren und schreiben die Antworten, die aus der Gruppe kommen, stichwortartig auf dem Frageplakat mit:

o oberflächliche Diskussion,
o unsystematische Arbeit,
o Mangel an entscheidenden Informationen,
o unklare Zielvorstellungen,
o bisher nur an harmlosen Aspekten gearbeitet,
o Roß und Reiter nennen.

Aber es melden sich auch positive Stimmen:
o Vielfalt des Problems wurde sichtbar,
o Vorstellungen der anderen kennengelernt,
o viele Aspekte parallel behandelt.

Die Moderatoren machen nun den Vorschlag auf verschiedenen Ebenen weiter zu arbeiten:

Eine Gruppe könnte einmal eine Übersicht über den bisherigen Stand der Diskussion schaffen, indem Sie eine Problemlandschaft herstellt, eine visualisierte Landkarte der Problemzusammenhänge.
Eine andere Gruppe könne das bisher erarbeitete Material sichten und herausarbeiten, welche Informationen fehlen, um gezielt weiterarbeiten zu können.
Eine dritte Gruppe könnte an einem wichtigen Problemaspekt weiterarbeiten und ihn konkretisieren.

Es entspinnt sich eine Methodendiskussion. Vor allem der Systematiker, der schon so schön am Zuge war, fühlt seine frisch erworbene Führerrolle schwinden. Er hält das alles für zu umständlich, wo (ihm!) doch inzwischen klar ist, wie es weiter gehen muß. Aber die vorher so passiven Gruppenmitglieder sind nun aufgewacht, möchten sich nicht mehr ausklinken und dem einen den ganzen Ablauf überlassen.

Die Arbeitsalternativen werden auf ein Plakat geschrieben und jeder Teilnehmer bekommt ein rundes Kärtchen, auf das er seinen Namen schreibt. Er heftet es neben die Alternative, die er im nächsten Arbeitsschritt für sich wählt. Es stellt sich heraus, daß je eine Gruppe an dem Problemscenario und an der Informationssammlung arbeiten will und zwei Gruppen Probleme weiter diskutieren möchten.

Den beiden Problembearbeitungsgruppen geben die Moderatoren folgendes Scenario:
Was ärgert/stört; worin besteht der Konflikt; welche Widerstände stehen der Konfliktlösung entgegen
a) in der Gruppe,
b) im Unternehmen.

Die Kleingruppe, die das Informationsdefizit aufdecken soll, bekommt folgendes Scenario:
Was sind die wichtigsten Problemaspekte; was wissen wir schon; was müssen wir wissen; wer kann/muß uns informieren.

Der vierten Gruppe, die die Problemlandschaft erstellen will, hilft ein Moderator beim Visualisieren.

VII. Die Gruppe arbeitet und die Problemwolke verdichtet sich
Was heißt hier moderieren?

Am ersten Tag haben die Teilnehmer noch den Eindruck, das Ende der Klausur sei eine Ewigkeit entfernt. Am zweiten Tag (nur noch eine Übernachtung!) rückt das Ende in eine überschaubare Nähe. Das löst Angst aus, Angst, daß die Zeit nicht reicht, Angst, daß der Auftrag nicht erfüllt wird, Angst, daß eine einmalige Gelegenheit vertan wird. Menschen, die Angst haben, neigen dazu, zu alten, bewährten Verhaltensmustern zurückzukehren ("Lieber den Spatz in der Hand als die Taube auf dem Dach"). Das ist in unserem Beispiel passiert. Die hierarchischen Gruppenstrukturen, die am ersten Tag außer Kraft gesetzt waren, drohen wieder durchzuschlagen: Einer soll den Ton angeben und die anderen werden ihm mehr oder weniger bereitwillig folgen.

Dies ist eine kritische Stelle der Moderation. Gelingt es den Moderatoren an dieser Stelle nicht, die Gruppe wieder zu aktivieren, ihr Selbstbewußtsein zu vermitteln, dann wird in der Tat die ganze Anstrengung umsonst sein. Und nicht nur das: Die Gruppe wird den Eindruck haben, versagt zu haben, und es wird ihr schwer fallen, eine solche Offenheit wieder herzustellen, wie sie sie bis zu diesem Zeitpunkt gewonnen hat.

Das Instrument, mit dem der Moderator eingreifen kann, ist, der Gruppe ihr Unbehagen sichtbar zu machen, ihr ein Mittel an die Hand zu geben, mit dem sie mit ihrer Depression umgehen kann. Wichtig ist dabei, daß der Moderator an dieser Stelle nicht seine Vermutungen erläutert - das kann von der Gruppe leicht als eine Publikumsbeschimpfung verstanden werden - sondern das Vermuten und Spekulieren über den Stand der Dinge den Teilnehmern überläßt.

Transparenzfragen
(S. 105 ff)

In unserem Beispiel schlägt der Moderator eine Ein-Punkt-Frage vor, die der Gruppe erlaubt, sehr schnell das Meinungsspektrum zu erkennen und die Anlaß bietet, darüber zu sprechen. Dieses "Darüber-sprechen-können", dieses Wahrnehmen der Gruppensituation ist der Treibstoff, mit dem der Gruppenmotor wieder in Gang gesetzt wird. Er hätte aber auch ein Blitzlicht wählen und damit einen ähnlichen Effekt erzielen können.

Auf diese Weise übernimmt die Gruppe wieder Verantwortung für den Konflikt, den sie schon beinahe an den Systematiker abgegeben hatte. Sie ist nun bereit, die Vorgehensvorschläge der Moderatoren zu bedenken und zu prüfen, wieweit sie ihr helfen.

In unserem Beispiel ist die Situation relativ schnell und elegant gelöst worden. Nicht immer geht das so einfach. Häufig sind die "neuen Hierarchen" hartnäckiger, ist die Gruppe weniger in der Lage, den Vorschlägen der Moderatoren zu folgen. Eine der typischen Fallen, in die der Moderator an dieser Stelle tappen kann, ist, sich in eine Methodendiskussion verwickeln zu lassen. In diesem Fall wird der Konflikt nämlich nicht offen ausgetragen, sondern auf einen Nebenkriegs-Schauplatz verlagert. Die Gruppe äußert dann ihr mangelndes Vertrauen gegenüber den Moderatoren nicht direkt, sondern an einem scheinbar sachlichen, neutralen Diskussionsgegenstand. Verhalten des Moderators (S. 1 ff)

Daß die Moderatoren in unserem Beispiel die Gruppe so schnell wieder an die Arbeit gebracht haben, liegt hauptsächlich daran, daß ihr Arbeitsvorschlag sich konkret auf die auf dem Plakat aufgelisteten Unbehagensäußerungen anschließt. Mangelnde Übersicht, mangelnde Information und Oberflächlichkeit wurden als Unbehagen genannt, und genau darauf bezieht sich die Kleingruppenarbeit, die die Moderatoren vorschlagen. Konfliktbearbeitung (S. 121 ff)

Dieses Vorgehen verlangt von den Moderatoren viel Flexibilität, denn es kann durchaus sein, daß sie etwas ganz anderes vorhatten. Sie müssen spontan einen neuen Vorschlag machen können, der es ihnen erlaubt, das Ziel zu erreichen. Hierbei wird deutlich, wie notwendig es ist, zu zweit zu moderieren. Denn zum einen neigen Einzelmoderatoren dazu, an ihrem einmal ausgearbeiteten Konzept festzuhalten, weil sie keinen Gesprächspartner haben, mit dem sie ihr eigenes Unbehagen, ihre eigenen Zweifel austauschen können. Zum anderen verlangt die spontane Umstellung eines Ablaufs immer auch eine Menge technischer Aktivitäten (neue Tafel holen und mit Packpapier bespannen, Frage visualisieren, Punkte schneiden usw.), während gleichzeitig die Gruppe "unterhalten" werden muß.

Aber es ist nicht nur der Zeitdruck, der der Gruppe Angst macht. In der Tat erscheinen häufig die ersten Kleingruppenarbeiten in ihrem sachlichen Ergebnis banal und abgestanden. Das ist aus dem im vorigen Kapitel beschriebenen Gruppenbildungsprozeß nur zu verständlich. Denn im Vordergrund der Arbeit des ersten Tages stehen die emotionalen Beziehungen in der Gruppe. Während der Arbeit stehen die sachlichen Aspekte eher im Hintergrund, ohne daß die Teilnehmer das merken.

Da sich aber diese wichtigen emotionalen Prozesse auf den Plakaten nicht niederschlagen, sind die Teilnehmer am zweiten Tag häufig enttäuscht darüber, daß bisher nichts "herausgekommen" ist. Denn in unserem leistungsorientieren Normensystem wird die Bewältigung emotionaler Gruppenprozesse nicht belohnt, gilt das Sich-Kennenlernen nicht als Arbeit, die honoriert wird. Gleichwohl ist dieser Prozeß Voraussetzung dafür, daß die sachlichen Ergebnisse eine neue Qualität bekommen. Und einen dritten Zusammenhang gilt es anzusprechen. Jeder, der sich mit Kreativität beschäftigt, weiß, daß neue Ergebnisse nur entstehen können, wenn vorhandene Denkstrukturen durchbrochen, bekannte Systematik beseite geschoben wird. Eines der Mittel, mit dem dieser Effekt erzielt wird, ist die Verwirrung, das Chaos (daß das

Chaos der Nährboden der Schöpfung ist, haben schon die alten Griechen gewußt, aber es ändert nichts daran, daß es immer wieder Ängste auslöst). Für die Moderation ist die Stufe der Verwirrung also nicht ein Übel, das sie so schnell wie möglich beseitigen muß, sondern sie ist eine Voraussetzung und Chance dafür, daß die Gruppe wirklich neue Lösungen und Kooperationsformen findet. Gruppen, die durch diese Verwirrung nicht hindurchgegangen sind, erreichen in der Regel ein sehr viel schlechteres Ergebnis.

Für den Moderator ist dieser Vorgang schwieriger als er hier beschrieben ist. Denn der Moderator ist ja auch Teil der Gruppe, er hat keinen Panzer mit dem er sich gegen depressive Gruppenstimmung schützen kann (hätte er ihn, dann würde er sie nicht bemerken und also auch nicht darauf reagieren können). Wir haben es an uns selbst immer wieder erlebt, daß wir in dieser Phase von der Depression der Gruppe mitgerissen wurden, daß wir selbst nicht mehr daran glaubten, das Steuer herumwerfen zu können, obwohl wir uns immer wieder "im Kopf" klar machten, was hier passiert. Auch dazu, um sich in einer solchen Situation gegenseitig zu stützen, ist es notwendig, zu zweit zu moderieren.

Verhalten des Moderators (S. 1 ff)

VIII. Krise und Höhepunkt: Der Problemhorizont lichtet sich

Die Kleingruppen haben verbissen gearbeitet. Wenig Gelächter war zu hören, dafür wurde viel Material verbraucht. Viele Plakate wurden vollgeschrieben, und die Gruppe, die die Problemlandschaft erarbeitet hat, hat auf dem ganzen Register der Visualisierung gespielt.

Als erste Gruppe präsentiert sie ihre Problemlandschaft. Ihr ist alles klar, sie weiß, wo es langgeht und welche Lücken noch bestehen. Umso größer wird das Mißtrauen des Plenums, es findet seine Erlebnisse nicht in der Problemlandschaft wieder. An beliebigen Punkten entstehen Diskussionen, ohne daß der Widerstand recht klar wird. Die Moderatoren kennzeichnen die kontroversen Punkte mit Konfliktpfeilen, versuchen, extensive Plenumsdiskussionen zu vermeiden. Als zweite Gruppe stellt eine der Problemgruppen ihr Ergebnis vor. Wieder setzt an einigen Punkten eine heftige Diskussion ein. Karten werden kaum mehr geschrieben. Zwei Teilnehmer ziehen die Diskussion an sich, der Rest sitzt mit düsteren Gesichtern da. Auf den Stirnen steht förmlich der Satz geschrieben: "Das haben wir uns ja gleich gedacht, daß das ganze in einer Sackgasse endet!"

Aus der Diskussion wird ein Streitgespräch. Es ist immer weniger erkennbar, worum es eigentlich geht. Offenbar ist die Sache selbst ganz nebensächlich geworden, aber was ist denn nun eigentlich wichtig? Einige Versuche der Moderatoren, klärend einzugreifen, werden von der Gruppe abgeblockt. Methode und Moderatoren werden zu Sündenböcken für die verfahrene Situation gemacht. Gefühle wie Ängste und unerfüllte Wünsche werden hinter Scheinargumenten versteckt, die Sprache wird unversöhnlicher, härter, abstrakter. "Man"-Aussagen nehmen zu, keiner spricht mehr per "Ich" oder "Sie", die Art der Kommunikation raubt den Teilnehmern sichtbar ihre Energie.

Die Moderatoren versuchen, so gut wie möglich die Argumente auf einem leeren Plakat mitzuvisualieren. Als der Dampf aus dem Streitgespräch heraus ist, bieten die Moderatoren ein Blitzlicht an. Das Unbehagen wird dabei deutlich, aber für viele Teilnehmer sind Gefühls- und Sachebene nicht zu trennen: Sie flechten ihre sachliche Position in das Blitzlicht ein. Der Inhaltskonflikt ist also nicht gelöst!

Die Moderatoren schlagen ein Pro- und Contra-Spiel vor. Schon der Begriff "Spiel" bringt einige Protagonisten auf die Palme, aber die Mehrheit nimmt das Angebot an - vielleicht, weil sie in dieser Situation jedes Angebot annehmen würde, das aus der Sackgasse herausführt.

Je zwei Vertreter der einen und der anderen Position setzen sich einander gegenüber und werfen sich abwechselnd in schneller Reihenfolge ihre Argumente an den Kopf. Alles ist erlaubt, auch Verbalinjurien, nur der tätliche Angriff ist ausgeschlossen. Kurze, zugespitzte Formulierungen und schnelles Tempo bringen eine Aufladung und dann ein Ausagieren des aufgestauten Drucks. "Auskotzen", beleidigende Worte, überspitzte Formulierungen, Unsachlichkeit, erhöhte Lautstärke - lauter Verhaltensweisen, die normalerweise verboten sind, wirken wie eine ritualisierte Reinigung.

Nach drei bis vier Minuten tauschen die Kontrahenten die Plätze und vertreten nun die gegenteilige Auffassung mit gleicher Vehemenz. Das wirkt eher komisch als ernsthaft. Die Beleidigungen werden gesteigert, lösen sich in befreites Lachen. Die neu entstandene Energie hat den Druck gelöst und die Atmosphäre gereinigt. Die Energie kann wieder frei fließen. Bevor die inhaltlichen Ergebnisse diskutiert werden, werden im Plenum die Erfahrungen mit dem Spiel ausgetauscht.

Die Moderatoren haben die Argumente beider Seiten mitvisualisiert. Nun bewerten die Teilnehmer mit Punkten, welche Argumente ihnen auf beiden Seiten am wichtigsten erscheinen. Argumente von beiden Positionen werden aufgelistet und lassen den gemeinsamen Lösungsansatz erkennen: Aus der Unversöhnlichkeit ist wieder ein gemeinsamer Problemhorizont geworden.

Nun ist auch wieder Bereitschaft vorhanden, sich die übrigen Kleingruppenergebnisse anzuhören. Sie werden relativ schnell abgehandelt: Die Vergangenheit ist nicht mehr interessant, was an neuen Ideen, an Informationswünschen, an neuen Problemansätzen übrig bleibt, wird wieder aufgelistet und kann im nächsten Kleingruppenprozeß bearbeitet werden. Ganz nebenbei werden Informationswünsche befriedigt, auf die einige Teilnehmer schon seit eineinhalb Tagen warten.

Die Gruppe hat nun die Kraft und das Selbstvertrauen, sich auch den schwierigen Themen zuzuwenden. Problemlösungen, die vorher unerreichbar schienen, fallen ihnen nun wie reife Früchte in den Schoß. Im Plenum werden die Themen neu verteilt, und Kleingruppen arbeiten an den verschiedenen Problemaspekten. Die Moderatoren geben ihnen nun ein lösungsorientiertes Scenario, das heißt sie fordern sie auf, über Lösungsvorschläge und erste Schritte zu ihrer Realisierung nachzudenken. Diese bilden den Grundstock für den Tätigkeitskatalog, der morgen erarbeitet werden soll.

Der Arbeitstag endet wieder mit einer Ein-Punkt-Frage: "Sind wir heute weitergekommen?"

Die Punkte erscheinen überwiegend im ++ und + Bereich. Diese Frage bietet die Gelegenheit, noch einmal darüber nachzudenken, was heute passiert ist. Die schärfsten Kontrahenten lassen durchblicken, daß sie froh darüber sind, "aus ihrer Ecke herausgeholt" worden zu sein.

Die Teilnehmer sind nach diesen Erlebnissen angeregt, aber erschöpft. Einige wollen von Stellwänden und Filzstiften nichts mehr sehen, andere möchten weiterarbeiten, um ein Ergebnis zustande zu bringen, das sie sich wünschen. Es kommt deshalb kein gemeinsames Abendprogramm mehr zustande. Es bilden sich verschiedene Klein- und Kleinstgruppen, die sich informell zu verschiedenen Gesprächsthemen zusammenfinden.

VIII. Krise und Höhepunkt: Der Problemhorizont lichtet sich
Was heißt hier moderieren?

"Der Konflikt kommt, der Moderator freut sich!" Dieser Satz ist nicht zynisch gemeint. So wie für die alten Römer der Krieg der Vater aller Dinge war, so ist für den Moderator die Bereitschaft der Gruppe, sich auf ihre Konflikte einzulassen, der entscheidende Energiespender für die gemeinsame Arbeit.

Aber wer mag schon Konflikte? Auch der Moderator ist da nur ein Mensch. Ist er unbeteiligt, so versucht er den Konflikt häufig herunterzuspielen, ihn nicht ernst zu nehmen, ihn mit einer Moderationstechnik zu durchtauchen. Ist er selbst betroffen, das heißt beginnt die Gruppe, sich auf ihn einzuschießen, dann versucht er häufig, gegen die Gruppe anzukämpfen, sich zu rechtfertigen, seine Macht zu beweisen. *Verhalten des Moderators (S. 1 ff)*

Beide Verhaltensweisen bringen ihn und die Gruppe nicht weiter. Erst wenn es ihm gelingt, den Konflikt produktiv umzusetzen, wie wir es in unserem Beispiel beschrieben haben, kann er die Kraft nutzen, die im Konflikt steckt. *Konfliktbearbeitung (S. 121 ff)*

Für den Moderator wie für die Gruppe gilt die Regel, daß Störungen Vorrang vor der sachlichen Diskussion haben. Solange sie nicht bearbeitet sind, wird der Blick nicht frei für die inhaltlichen Probleme. Für den Moderator ist es dazu notwendig, daß er sich selbst genügend kennt, daß er weiß, wo seine Haken sind, an denen ihn die Gruppe erwischen kann, daß er weiß, wo seine ganz persönlichen Fettnäpfchen stehen, in die er immer wieder hineintappt. In diesem Zusammenhang ist die gute Kooperation zwischen den Moderatoren eine notwendige Bedingung des erfolgreichen Arbeitens. Denn ein Moderator, der sich in eine Situation "verbissen" hat, kommt selten aus eigener Kraft aus dieser Konfrontation heraus. Die einzige Chance besteht darin, daß ihn sein Mitmoderator aus dem Gefecht nimmt und damit der

Gruppe wieder eine Brücke baut, die es ihr erlaubt, erneut Vertrauen zu den Moderatoren zu fassen.

Wie können die Moderatoren das praktisch tun?

Der erste Schritt ist immer die Beobachtung. An der Körpersprache und an der verbalen Sprache der Teilnehmer kündigen sich Konflikte vorher an. Diese Fähigkeit ist erlernbar durch Selbsterfahrung, Selbstbeobachtung, durch Übung mit Gruppen und durch ein hilfreiches Feedback der Moderatoren untereinander.

Der zweite Schritt ist das Ansprechen der Situation in der Gruppe. Dabei ist wichtig, daß der Moderator seine Wahrnehmung des Gruppenverhaltens trennen kann von den Vermutungen über Ursachen und Anlässe. Wenn ihn seine Wahrnehmung über das Verhalten der Gruppe in eine für die Gruppe wichtige Richtung leitet, soll er seine Vermutungen als seine Vermutung ansprechen. Es ist hinderlich für sein weiteres Vorgehen, wenn er dabei eine offene oder versteckte Wertung anbringt oder gar einen moralischen Apell. Er verstrickt sich damit in die Konfliktsituation der Gruppe, wird selbst einer, der urteilt und verurteilt und erreicht damit nur eine Solidarisierung der Gruppe gegen ihn. Damit ist aber die Gruppe von ihrer eigenen Konfliktbearbeitung entlastet und auf den Sündenbock fixiert.

Die Unterscheidung zwischen Wahrnehmen, Vermuten und Bewerten können die Moderatoren auch als Kommunikationsregel in die Gruppe einführen, zum Beispiel indem sie Paare von Teilnehmern bilden, in denen dieses Trennen geübt wird. Die Teilnehmer können dadurch selbst unterscheiden lernen, wo sie auf andere projizieren und wo sie die unfruchtbaren Spiele der Erwachsenen spielen.

Kommunikationsübungen (S. 125 ff)

Es gibt noch weitere Spielregeln, die der Moderator im Laufe der Klausur einführen kann, möglichst noch zu einem unverfänglichen Zeitpunkt, das heißt wenn die Gruppe sich noch nicht im

Konflikt unsensibel für ihre Kommunikation gemacht hat. Die wichtigsten sind:

o "Ich/Du oder Sie statt man",
o "Störungen haben Vorrang".

Damit gibt er den Teilnehmern Werkzeuge in die Hand, mit denen sie in kritischen Situationen direkt und von der eigenen Situation aus handeln und reagieren können.

Und irgendwann hört es dann mit den Regeln auf. Denn ein großer Teil der Aktionen und Reaktionen des Moderators, die Wahl des Zeitpunkts einzugreifen oder laufen zu lassen, sind Sache der Intuition und der Erfahrung. Und wie ein Skiläufer nur Skilaufen lernt, indem er Ski läuft, so lernt ein Moderator auch nur Moderieren, indem er moderiert. Wie beim Skilaufen ist Hinfallen zwar schmerzhaft aber lehrreich.

IX. Nägel mit Köpfen machen

Der letzte Tag beginnt. Die Teilnehmer haben ihre Hotelzimmer schon geräumt und kommen mit gepackten Koffern an. Die ersten Krawatten tauchen wieder auf. Der Arbeitsalltag erscheint schon wieder am Horizont.

In der Gruppe herrscht eine gewisse Nervosität. Heute muß endlich etwas herauskommen. Sätze wie "Jetzt aber Butter bei die Fische" oder "Jetzt müssen wir Nägel mit Köpfen machen" charakterisieren die Ungeduld. Die Klausur sollte ja nicht Selbstzweck sein, es sollte sich ja etwas verändern. Je nach Temperament äußert sich diese Stimmung in schlechtem Gewissen, so viel Zeit vertan zu haben, oder in wilder Entschlossenheit, alle Knoten mit einem Schlag durchzuhauen.

Die Moderatoren beginnen wieder mit einer Ein-Punkt-Frage: "Wie weit sind wir von der Lösung des Problems entfernt?" Die Punkte spiegeln die Einschätzung der Gruppe wider, daß noch einiges geschehen muß. Aber was muß geschehen? Auf dem Frageplakat finden sich folgende Stichworte:

o restliche Themen bearbeiten,
o klare Absprachen treffen,
o Weiterarbeit festlegen,
o Übersicht über bisherige Diskussion schaffen,
o rechtzeitig aufhören,
o usw.

Die Moderatoren stellen nun ihrerseits vor, wie sie sich den Ablauf des letzten Tages denken:

> **Ablauf des letzten Tages**
> - Kleingruppenergebnisse vorstellen
> - Tätigkeiten sammeln und sichten
> - Tätigkeitskatalog ausfüllen
> - abschließen

Sie machen deutlich, daß zum Bearbeiten weiterer Themen heute keine Zeit mehr bleibt, daß aber im Tätigkeitskatalog geklärt werden muß, wie die offenen Fragen weiter behandelt werden.

Bevor die Kleingruppen ihre letzten Ergebnisse vorstellen, stellen die Moderatoren den Tätigkeitskatalog vor, damit die Lösungsvorschläge, die die Kleingruppen entwickelt haben, aufgenommen werden können.

Schon bei der Vorstellung der ersten Kleingruppe bricht wieder eine Grundsatzdiskussion auf. Die Moderatoren fordern immer wieder dazu auf, die Beiträge auf Karten festzuhalten und an das Kleingruppenplakat zu hängen und dann zu überlegen, was geschehen muß, damit dieses Thema weiterverfolgt werden kann. Drei Tätigkeiten, die von der Kleingruppe schon vorgeschlagen wurden, kommen in die "Was"-Spalte. Die Gruppe ist zufrieden, sie weiß, die bisherige Arbeit war nicht umsonst, es geht etwas weiter.

Bei der nächsten Kleingruppe gibt es mehr Schwierigkeiten. Sie hatte sich ein Thema vorgenommen, das bisher noch gar nicht behandelt war. Die Gruppe ist ein wenig ratlos, was sie nun damit anfangen soll. Das Thema ist noch nicht reif für konkrete Aktionen, und es reißt auch so recht niemanden vom Stuhl. Nur die Mitglieder der Kleingruppe sind engagiert und versuchen, die Gesamtgruppe für ihr Problem zu gewinnen. Aber die Neigung wieder in die Grundsatzdiskussion einzusteigen, ist gering.

Stimmen werden laut, man solle das Thema doch ganz fallen lassen. Dagegen wehrt sich die Kleingruppe. Die Moderatoren schlagen vor, in den Tätigkeitskatalog das Vorhaben aufzunehmen, an diesem Thema zu Hause weiterzuarbeiten. Wenn alle Tätigkeiten gesammelt seien, könne man immer noch sehen, ob sich dafür Interesse findet. Der Vorschlag wird angenommen, das Plenum ist erleichtert und bereit, sich mit der dritten Kleingruppe auseinanderzusetzen.

Sie hat ein besonders heikles Thema bearbeitet, heikel, weil die Lösung außerhalb der Kompetenz der Gruppe liegt. Typischerweise sind die Lösungsvorschläge keine konkreten Handlungen, sondern moralische Apelle: "X sollte ..." und "Y müßte ..." Das Thema ist für die Gruppe wichtig, aber was soll sie tun? Die Moderatoren schlagen vor, dieses Thema in einer Präsentation den Hierarchen vorzustellen, die überzeugt werden müssen. Skepsis kommt auf, ob denn das überhaupt einen Sinn habe, es ließe sich ja doch nichts ändern. Also schlagen die Moderatoren vor, das Thema ganz fallen zu lassen. Ein Sturm der Entrüstung ist die Folge. Doch die Moderatoren beharren auf der Frage, was getan werden soll. Ein rettender Gedanke aus der Gruppe: Der hierarchisch am höchsten stehende Teilnehmer soll doch einmal mit dem Direktor X reden. Die Moderatoren geben zu bedenken, daß dann nicht mehr deutlich wird, daß die ganze Gruppe hinter diesem Punkt steht. Wer unterstützt also den Sprecher der Gruppe?

Zwei weitere Teilnehmer sind bereit, mitzumachen. Im Tätigkeitskatalog erscheint unter "Was":"Problem A für eine Präsentation bei X aufbereiten." Unter "Wer" steht der Gruppensprecher, unter "Mit wem" die beiden Mitstreiter, unter "An wen" steht "X". Bleibt noch zu klären, bis wann die Präsentation erfolgen soll. Die Gruppe einigt sich auf einen Zeitraum von 14 Tagen, der Termin erscheint unter "Bis wann".

Befriedigt stellen alle fest, daß für die erste Aktivität der Tätigkeitskatalog voll ausgefüllt ist. Auch dieses Thema ist für den Moment abgehakt.

Die letzte Gruppe hat das gesamte Material aufbereitet, das in zwei Tagen erarbeitet worden ist und kommt mit einer Fülle von Aktivitätsvorschlägen, die zur Realisierung der Ideen führen sollen. Sie werden einzeln in den Tätigkeitskatalog übernommen, der sich bedenklich füllt. Plötzlich geht ein Stöhnen durch die Gruppe: "Wer soll das denn alles machen?" - "Ich habe ja auch noch eine kleine Nebenbeschäftigung" - "Jetzt haben wir ja mehr Probleme als vorher statt weniger".

Die Moderatoren nehmen trotzdem zunächst alle Aktivitätsvorschläge auf. Die Stunde der Wahrheit kommt, als die Moderatoren beginnen, die weiteren Spalten des Tätigkeitskatalogs zur Diskussion zu stellen. Für die Tätigkeiten, die vorher als unumgänglich angesehen wurden, findet sich keiner, der sich darum kümmern will. Die Moderatoren streichen sie erbarmungslos wieder aus dem Katalog heraus: Nur wenn sich wirklich jemand für die Tätigkeit verantwortlich fühlt und andere bereit sind, ihn dabei zu unterstützen, handelt es sich wirklich um eine Gruppenaktivität und wird in den Tätigkeitskatalog aufgenommen. Moderatoren und Teilnehmer merken, daß das ein kräftezehrender Prozeß ist, denn hier und jetzt fällt die Entscheidung, was aus der gemeinsamen Arbeit wirklich Bestand hat, wer bereit ist, für sich selbst neue Prioritäten zu setzen, die das Gruppenerlebnis in den Alltag umsetzen.

Während sich die Teilnehmer gerade nach vollbrachter Tat erlöst in ihren Stühlen zurücklehnen wollen, holen die Moderatoren die Themenspeicher noch einmal hervor. Es muß überprüft werden, ob die Themen ausreichend bearbeitet worden sind, was offen geblieben ist und wie die unbearbeiteten Punkte weiter behandelt werden sollen. Thema für Thema wird noch einmal vorgelesen und abgehakt, falls es erledigt ist oder nicht mehr weiterverfolgt werden soll oder in eine Tätigkeit übersetzt, wenn einzelne sich bereit erklären, weiter daran zu arbeiten.

Noch eine letzte Frage ist für den Tätigkeitskatalog zu klären: Wann will sich die Gruppe als ganze wieder treffen, um den Tätigkeitskatalog abzuchecken und Erfahrungen darüber auszutauschen, was in der Zwischenzeit passiert ist. Kalender werden gezückt, Termine gehandelt, Örtlichkeiten geprüft, Ziele dieses Treffens diskutiert. Man einigt sich auf einen Termin in einem Vierteljahr, an dem alle Teilnehmer können, der einen halben Tag dauern soll. Bis dahin wird es daheim auch einen Raum geben, der mit dem Moderationsmaterial ausgestattet ist, damit auch in Zukunft "vor Ort" moderiert werden kann.

Und wer macht das Protokoll? Diese Frage, die meist großen Schrecken auslöst und alle Teilnehmer unbeteiligt in der Gegend herumschauen läßt, ist hier verhältnismäßig harmlos: Es geht nur darum, die Plakate auszusortieren, abzufotografieren, zu vervielfältigen und allen Teilnehmern zuzustellen. Auch dafür finden sich noch Freiwillige. Mit dieser Tätigkeit erscheinen auch sie im Tätigkeitskatalog.

Nun ist es Zeit zum Mittagessen. Die Gruppe fühlt sich ausgepumpt als hätte sie einen ganzen Wald abgeholzt. Aus dem Wechselbad von Überschwang und Depression der letzten zweieinhalb Tage ist eine gedämpfte Euphorie geworden; die Euphorie beruht auf der Erfahrung, gemeinsam etwas geschafft zu haben, neue Formen des miteinander Arbeitens, Lachens, Streitens erlebt zu haben. Gedämpft ist diese Stimmung, weil eine Menge Arbeit und Anstrengung notwendig ist, um das Gewünschte zu erreichen und das Erreichte umzusetzen. Das Mittagessen steht schon unter dem Eindruck der Abreise. Fahrpläne werden gewälzt, Fahrgemeinschaften gebildet. Die Gruppe beginnt unmerklich zu zerfallen.

Doch noch ist der Schlußpunkt nicht gesetzt. Erst ein gemeinsamer Abschluß rundet die Moderation ab. Er wird im nächsten Kapitel dargestellt.

IX. Nägel mit Köpfen machen
Was heißt hier moderieren?

Damit in einer moderierten Problemlösungsklausur nicht nur viele hineingehen und nichts herauskommt, müssen die Moderatoren am Ende alle - durch den Prozeß entstandenen - Folgeaktivitäten festhalten. Als eine Ausgangsbasis dient dazu das Plakat mit den während der Veranstaltung bereits gesammelten Tätigkeiten. Eine weitere Möglichkeit, die erarbeiteten Lösungsvorschläge einer Realisierung zuzuführen, ist, jede einzelne Problemlösung darauf abzuklopfen, was getan werden muß, um sie umzusetzen. Erfahrungsgemäß nützt es nichts oder nur sehr wenig, wenn sich eine Gruppe einig über Lösungen ist, sondern sie muß auch bereit sein, Energie in die Realisierung zu stecken. Wenn sich niemand findet, der die ersten Schritte leisten möchte, dann ist offensichtlich der Problemdruck nicht groß genug.

Folgendes Raster hat sich als Tätigkeitskatalog bewährt:

Aktivitäts- und Verhaltenskataloge (S. 141 f)

Nr.	was	wer	mit wem	bis wann	an wen
1					
2					
3					
4					
5					
6					

(Tätigkeitskatalog)

In die "Was"-Spalte kommen die einzelnen Aktivitäten. Sie sollen so konkret wie möglich beschrieben sein. Häufig handelt es sich dabei nur um einen ersten Schritt, der ein sehr viel komplexeres Projekt in Gang setzt. Also nicht "Neue Marketingkonzeption" sondern "1. Treffen der Projektgruppe 'Neues Marketingkonzept' einberufen".

Nach unserem Rollenverständnis ist es eine der wichtigsten Aufgaben des Moderators, die Gruppe dazu zu bringen, diesen Realitätsbezug noch während der Veranstaltung zu leisten. Dies heißt, er muß dafür sorgen, daß alle Spalten des Tätigkeitskatalogs ausgefüllt werden. In die "Wer"-Spalte muß ein Teilnehmer der Runde eingetragen werden, da sich sonst niemand angesprochen und aufgefordert fühlt, irgend etwas zu tun. Demzufolge müssen die Tätigkeiten so formuliert sein, daß sie auch von einem Teilnehmer durchgeführt werden können. Wenn der Bundeskanzler sich mehr um die "saubere Luft" kümmern soll, aber selbst nicht bei der Veranstaltung dabei war, wird es wenig nutzen, wenn die Tätigkeit für den Bundeskanzler formuliert wird und in der "Wer"-Spalte der Bundeskanzler steht. Hier muß die Tätigkeit so formuliert werden, daß ein Teilnehmer die Wünsche/Forderungen der Gruppe an den Bundeskanzler weiterleitet und diesen veranlaßt, so zu handeln.

Die Spalte "Bis wann" ist deshalb so wichtig, weil einerseits die Kontrollierbarkeit einer Tätigkeit nur über einen definierten Zeitraum möglich ist, andererseits die zeitlichen Abhängigkeiten von Tätigkeiten, die aufeinander aufbauen, hergestellt werden müssen.

Die Spalte "An wen" soll die Teilnehmer befähigen, das Ergebnis dieser Tätigkeit zu kontrollieren und die Mitarbeiter, die von den möglichen Veränderungen betroffen sein werden, rechtzeitig zu informieren.

Es empfiehlt sich, den Tätigkeitskatalog allen Teilnehmern mit dem Protokoll auszuhändigen, um damit auf alle Teilnehmer einen heilsamen Druck für die Realisierung auszuüben. Das ist unser "Papier-Hierarch". *Simultan-protokoll (S. 143 ff)*

Eine weitere wichtige Voraussetzung für die Handlungsorientierung einer Problemklausur ist die Vereinbarung einer follow-up-Veranstaltung. Je nach Problemstellung kann sie von drei Stunden bis drei Tagen dauern, hausintern oder wiederum außerhalb der normalen Arbeitssituation durchgeführt werden. *Folgeaktivitäten (S. 153 ff)*

Bei diesem Zusammentreffen sollte dann geprüft werden, inwieweit sich Schwierigkeiten bei der Umsetzung von Lösungsansätzen ergeben haben, die eventuell die Diskussion über die veränderte Lage erforderlich machen, um gemeinsam die aufgetauchten Probleme zu lösen und damit die weitere Realisierung sicherzustellen.

X. Abschluß und Abschied

Die Ende naht. Die Arbeit ist abgeschlossen. Der Tätigkeitskatalog hat die Abrundung der Arbeit gebracht und zugleich die Lösungseuphorie gedämpft.

Es ist nicht mehr viel Zeit bis zur Abreise der ersten Teilnehmer. Ein starkes Gemeinschaftsgefühl, persönliche Nähe, das Erlebnis, einen großen Problemberg bewältigt zu haben, die Aussicht auf noch mehr Arbeit zu Hause und manche Unzufriedenheit, die hängen geblieben ist, charakterisieren die Stimmung in der Gruppe.

Die Teilnehmer sitzen im Halbkreis in der Arbeitsecke, erwartungsvoll, was denn nun noch kommen kann. Die Moderatoren haben mehrere Tafeln aufgestellt, eine mit der Überschrift "Worüber sollten wir hier noch sprechen?", daneben eine leere Fläche.

Die Teilnehmer können nun noch einmal darüber nachdenken, mit welchen Problemen sie sich noch innerlich beschäftigen. Es kommen Fragen wie "Glauben Sie, daß wir es schaffen, alle Tätigkeiten durchzuführen?" oder "Wo kann man Moderation noch einsetzen?" oder "Wie kann man Hierarchen von Moderation überzeugen?" oder "Wofür ist Moderation nicht geeignet?". Die Fragen werden auf Karten geschrieben und sortiert. Gemeinsam versuchen die Moderatoren mit der Gruppe, die offenen Fragen zu klären. Die Antworten werden auf der leeren Fläche mitvisualisiert.

Wenn der Kopf damit einigermaßen entlastet und zufriedengestellt ist, ist die Aufmerksamkeit vorhanden, sich der Situation in der Gruppe noch einmal zuzuwenden. In einem Blitzlicht zum Abschluß kann jeder noch einmal etwas zu folgenden Fragen sagen:

o Was möchte ich der Gruppe oder einem Teilnehmer noch sagen?
o Was möchte ich zum Ablauf der Klausur sagen?
o Was war für mich besonders wichtig?
o Wie fühle ich mich jetzt?

Die verschiedenen Schattierungen von Gefühlen in dieser Abschiedsphase kommen dabei heraus, Erleichterung, Spaß, Freude, auch ein bißchen Wehmut und vor allem Erstaunen, daß es möglich ist, auch in Arbeitssituationen für Gefühle einen Platz zu finden. Das sich selbst und den anderen deutlich machen zu können, erlaubt es, damit abzuschließen, kein verschnürtes Päckchen ungeöffnet mit auf den Heimweg zu nehmen.

Und dann darf ein letztes Mal geklebt werden: Die Moderatoren holen die Spaß-Erfolg-Frage vom ersten Tag hervor. In das Bild, das am ersten Tag aus grünen Punkten entstanden war, werden nun rote Punkte geklebt, die ausdrücken, wie es denn nun war. Die "Punktwolke" hat sich nach rechts oben verlagert, das heißt: Im Ganzen gesehen hat es mehr Spaß gemacht als erwartet und es ist auch mehr herausgekommen als eingangs vermutet wurde. Für alle Beteiligten ein befriedigendes Ergebnis - auch für die Moderatoren, die sich ihren Anteil an dem Ergebnis zuschreiben und wie jeder Mensch auch empfänglich sind für Streicheleinheiten.

Der Dank der Moderatoren an die Gruppe ist nicht nur Höflichkeitspflicht. Sie wissen, daß sie immer nur so gut sein können, wie die Gruppe bereit ist, sich auf die Moderation einzulassen. Wenn sie gut gearbeitet haben, dann konnten sie das nur, weil die Gruppe Vertrauen zu ihnen hatte, ihnen die Möglichkeit gegeben hat, gut zu arbeiten.

Ein letzter gemeinsamer Treff an der Bar bei einem Getränk und Musik im Hintergrund läßt die Klausur ausklingen. Die Gruppe bröckelt langsam ab, zurück bleiben die Moderatoren, die für den Rest des Tages keine Stellwände und Plakate, keine Filzstifte und Klebepunkte mehr sehen wollen.

X. Abschluß und Abschied
Was heißt hier moderieren?

Genau wie das Anwärmen ist auch das Verabschieden wichtig für die emotionale Erinnerung an das Gruppenerlebnis und hat Einfluß auf das Engagement zur Realisierung der gemeinsamen Vorhaben.

Vor allem für die weitere Arbeit sind weder überschäumende Euphorie noch kalte Sachlichkeit eine gute Voraussetzung. Wenn die Teilnehmer allzu euphorisch die Klausur verlassen, besteht die Gefahr, daß sie die Schwierigkeiten im Alltag unterschätzen. Eine solche Stimmung bricht dann schnell zusammen und hinterläßt Enttäuschung und Leere.

Ebenso schädlich ist eine depressive, "verklemmte" Atmosphäre am Ende einer Veranstaltung. Sie mobilisiert häufig nicht genügend Energie, um die Aktivitäten anzupacken, die vereinbart worden sind. In einer Art "selffullfilling prophecy" heißt es dann bald: "Sehen Sie, ich habe ja gleich gesagt, daß wieder nichts dabei herauskommt!"

In beiden Fällen müssen die Moderatoren die richtigen Fragen für das Blitzlicht stellen, damit diese Stimmung noch herauskommen kann. Bleibt sie unbesprochen, weiß am Ende keiner so recht, woran er ist. Schon durch das Bewußtmachen tritt häufig eine Lösung der Verkrampfung ein und das Gruppengefühl verändert sich. Für diese Phase sollte sich die Gruppe eine bis eineinhalb Stunden Zeit nehmen, denn ein hektischer Abschluß kann das gesamte Gruppenerlebnis entwerten. Es sollte auch darauf geachtet werden, daß kein Teilnehmer vorher abreist. Die Lücke, die jeder fehlende Teilnehmer in der Gruppe reißt, ist von keinem anderen zu schließen.

Abschlußblitzlicht (S. 149)

Auch die Moderatoren haben "Aktien in diesem Geschäft", das heißt, auch die Moderatoren haben Gefühle - positive wie negative - mit der Gruppe angesammelt. Sie sollten für sich das gleiche Maß an Offenheit herstellen, das sie von der Gruppe erwarten. Das Blitzlicht gibt auch den Moderatoren Gelegenheit, Erfahrungen mit der Gruppe zu schildern. Sie müssen allerdings an dieser Stelle ganz besonders darauf achten, daß sie ihre Eindrücke nicht in Werturteile kleiden. Daß sie sich freuen, wenn es den Teilnehmern gefallen hat, kann ihnen keiner verwehren, sie brauchen es deshalb auch nicht zu verbergen.

Die letzte Klebeaktion an dem Spaß-Erfolg-Plakat hat die Funktion, für die Gruppe noch einmal den Bogen vom Anfang zum Ende, von den Erwartungen zu den Erfahrungen herzustellen. Häufig sind die Teilnehmer am Ende überrascht, wie skeptisch ihre Einstellung am Beginn der Klausur war. Es ist ein Zeichen für die Offenheit, die in der Gruppe erreicht worden ist, wenn sie dieses Erstaunen auch offen äußern kann.
Ein-Punkt-Frage (S. 151)

Das sanfte Ausklingen bei Gesprächen an der Bar nimmt den Teilnehmern die Härte des Abschiednehmens. Es trägt der Erfahrung Rechnung, daß die Menschen mit dem Abschiednehmen sehr unterschiedlich umgehen: Für die einen muß es kurz und schmerzlos vonstatten gehen, die anderen brauchen eine Weile, bis sie sich losreißen können.
Moderationsumgebung (S. 169)

Auch für die Moderatoren ist ein solches Abschließen notwendig. Es geschieht meist beim Sortieren der Plakate für das Protokoll und beim Aufräumen. Dies ist häufig die Gelegenheit, die Klausur noch einmal an sich vorbeiziehen zu lassen und das eine oder andere Feedback zu geben, das wichtig ist für den Lernprozeß des Moderators.

XI. Was kommt danach?

Mit dem Abschiednehmen ist der Prozeß nicht beendet. Eigentlich beginnt er da erst. Denn im Tätigkeitskatalog sind eine große Zahl an Aktivitäten enthalten, die nun in die Tat umgesetzt werden müssen. Erst an dem nachfolgenden Prozeß kann der Erfolg der Moderation abgeschätzt werden.

Wie dieser Prozeß sinnvoll zu organisieren ist, das haben wir im zweiten Teil unter II. C. 11. beschrieben. Aber es gibt noch eine andere Ebene, die wir beobachten, wenn wir nach einer Problemklausur in das Unternehmen kommen und Teilnehmer wieder treffen: Sie bilden eine Art verschworener Gemeinschaft, die auch über Bereichs- und Hierarchiegrenzen hinaus wirkt. Besonders deutlich wird dieser Effekt, wenn sie anderen, die nicht an der Klausur teilgenommen haben, beschreiben sollen, was dort abgelaufen ist. Da wird von vielen Punkten gesprochen, die sie geklebt haben, von Keksen, die zur freien Bedienung herumstanden, von Abenden in Kissen und der Bar, an der zwanglose Gespräche stattfanden.

Für Außenstehende ist das sehr verwirrend, denn sie können nicht nachvollziehen, welche Bedeutung das Ambiente für den Gruppenprozeß hat. Aber in den strahlenden Augen der Teilnehmer kann man erkennen, daß die Bilder von gemeinsamen Erfahrungen, von Spaß und von durchgestandenen Konflikten in ihnen aufsteigen.

Das hat nicht nur einen Erinnerungswert, sondern es fördert auch die weitere gemeinsame Arbeit. Wenn in Projektgruppen wieder einmal eine von diesen ermüdenden Diskussionen auftritt, dann erinnert sich jemand daran, "daß wir das in der Klausur doch ganz anders gemacht haben"; und schon werden Tafeln geschoben, Karten und Filzstifte ausgeteilt und einer übernimmt die Moderation.

Diese Erinnerungen haben also nicht nur einen Erlebniswert, sie verändern auch die Arbeit und das miteinander Umgehen im Arbeitsalltag, und für manch einen ist in einer solchen Klausur der Wunsch entstanden, Moderation genauer zu lernen, um sie selbst im beruflichen wie im privaten Bereich anwenden zu können.

XI. Was kommt danach?
Was heißt hier moderieren?

Im Gegensatz zu vielen Fortbildungsveranstaltungen ist eine Moderation nicht mit dem Abreisen der Teilnehmer beendet. Vielmehr schließen sich an eine Klausur eine Reihe von organisierten und zu organisierenden Prozessen der Weiterarbeit an. Die Überlegung, wie es weitergehen kann und was passieren muß, damit die Klausurergebnisse umgesetzt werden, ist deshalb Bestandteil einer Klausurmoderation.

Häufig ist die Autorität des externen Moderators notwendig, um die innerbetrieblichen Bedingungen herzustellen, die eine Weiterarbeit möglich machen. Dazu gehört:

o Durchsetzung der Freistellung von Mitgliedern zur Arbeit in verabredeten Projektgruppen;
o Durchsetzung von Terminen mit Hierarchen zu Präsentation der Klausurergebnisse;
o Beratung bei der Einrichtung von Räumen, die für Moderation geeignet sind;
o Beratung der Vorgesetzten bei der Einrichtung einer Projektorganisation;
o Organisation der Einbeziehung von Betroffenen, die an der Klausur nicht teilgenommen haben, in den weiteren Prozeß.

Dabei sollte der Moderator darauf achten, daß er den Teilnehmern keine Aufgaben abnimmt, die sie selbst lösen können. Er verspielt sonst (häufig aus Eitelkeit!) die Fähigkeit der Klausurteilnehmer, selbst Verantwortung für sich zu übernehmen, die er während der Klausur mühsam aufgebaut hat.

Verhalten
des Moderators
(S. 1 ff)

Es gibt allerdings auch einige Funktionen, in denen das spezifische Methodenwissen des Moderators gefragt ist. Es handelt sich dabei um:

o moderationsgerechte Aufbereitung der Klausurergebnisse für eine Präsentation;
o Beratung bei der "Dramaturgie" einer Präsentation;
o Darstellung des Prozesses - nicht des Inhalts - der Klausur;
o gegebenfalls, wenn der Bedarf danach besteht, Ausbildung von Moderatoren für die innerbetriebliche Anwendung der Moderation;
o Durchführung von follow-up-Veranstaltungen mit den Klausurteilnehmern.

Wie ein solcher Nachbereitungsprozeß aussieht, hängt sehr von dem Problem, der Arbeitsfähigkeit der Gruppe, dem Interesse der Gesamtorganisation an der Arbeit der Gruppe ab. Der Moderator sollte aber in jedem Fall darauf achten, daß überhaupt etwas im Anschluß an die Klausur geschehen kann. Reine Alibiveranstaltungen frustrieren nicht nur Teilnehmer und Moderatoren. Sie verschütten darüberhinaus häufig Handlungsmöglichkeiten auf Jahre. Und last not least wird die Folgenlosigkeit meist den Moderatoren und ihrer Methode in die Schuhe geschoben, statt den Fehler bei sich selbst zu suchen.

Folgeaktivitäten
(S. 153 ff)

XII. Wie wird so ein Prozeß vorbereitet?

Eine Problemklausur ist keine isolierte Aktion, sondern das Zentrum eines Prozesses, der eine Vergangenheit und eine Zukunft hat. Hier soll von der Vergangenheit die Rede sein.

Ein Unternehmen, eine Behörde oder ein Verband, die zum ersten Mal mit der Moderation konfrontiert werden, stehen ihr meist mit großer Skepsis gegenüber. Das liegt daran, daß der Prozeß, den wir in den vorigen neun Kapiteln zu beschreiben versucht haben, in einem Gespräch in einem Büro nur schwer verbal zu vermitteln ist. Die Bedeutung, die Kreativität, Spaß, Konfliktbereitschaft und Arbeitsatmosphäre für das sachliche Ergebnis haben, versteht selten jemand, der es nicht selbst erlebt hat.

So werden oft in der Vorbereitungsphase Versuche unternommen, das Ergebnis schon vorher in allen Details festzulegen, der Gruppe möglichst wenig Spielraum einzuräumen, denn das Vertrauen in die Leistungsfähigkeit sich selbstorganisierender Gruppen ist nach wie vor außerordentlich gering. So sehr ist unsere Arbeitswelt von hierarchischen Organisationsformen bestimmt, daß die Auftraggeber, also die hierarchisch Verantwortlichen, ungern die Zügel locker lassen und der Gruppe den Spielraum einräumen, den sie braucht, um selbstverantwortlich arbeiten zu können.

Wir sind deshalb dazu übergegangen, das Unmögliche nicht mehr zu versuchen, nämlich die Wirkung von Moderation theoretisch zu beschreiben. Vielmehr führen wir während der Vorbereitungsphase – die wir im zweiten Teil unter II. C. 11. im einzelnen beschrieben haben – eine Präsentation in moderierter Form durch. Das heißt, daß wir mit den hierarchisch Verantwortlichen eine kurzgefaßte Problemsammlung und -bearbeitung durchführen, die etwas von dem Stil der Moderation zeigt. Wir versuchen dabei soviele Elemente der Moderation wie möglich einzubringen. Wir überraschen zum Beispiel Teilnehmer damit, daß aus dem üblichen Sitzungszimmer die Tische herausgestellt werden, daß die Stühle im Halbkreis stehen, daß eine "Bühne" mit Moderationstafeln aufgebaut ist, daß das Gespräch mit einer Ein-Punkt-Frage beginnt, daß vorne nicht ein "Sitzungsleiter" steht, sondern zwei Moderatoren agieren usw.

Selbst hartgesottene "Sitzungsprofis" bekommen dadurch einen Eindruck, was Moderation will und was sie nicht leisten kann und wie schnell es auch unter Sitzungsteilnehmern mit sehr unterschiedlichen Interessen möglich ist, eine gemeinsame Problemsicht zu erreichen.

Für uns Moderatoren ist es nicht so sehr ein Selbstdarstellungserlebnis. Vielmehr können wir auf diese Weise den Freiheitsgrad der Gruppe erhöhen, die mit Moderation ihre Probleme bearbeiten will.

XII. Wie wird so ein Prozeß vorbereitet?
Was heißt hier moderieren?

Vor einer Problemmoderation sollten sich die Moderatoren zusammensetzen, um den Prozeß in Ruhe vorzubereiten und sich selbst darauf einzustimmen. Es gibt fünf Phasen der Vorbereitung, die sich durch unterschiedliche Tätigkeiten charakterisieren lassen.

1. Fragen und Einstimmen der Teilnehmer

Diese Phase findet meist vor Ort statt. Durch Interviews und Gruppengespräche wird das Problemfeld durchleuchtet. Die Moderatoren erfahren, worum es geht, welche Interessen im Spiel sind, welche heißen Eisen angepackt werden müssen und wer mit wem wegen was im Clinch liegt. Nicht vergessen werden sollten die Vorgespräche mit erlaubenden und verbietenden Hierarchien.

Fragen und Einstimmen der Teilnehmer (S. 157)

2. Durchdenken der Bedingungen anhand der Vorfragen

Nach einem Katalog von Vorfragen sortieren die Moderatoren ihre Informationen und erarbeiten die Leitlinie für die Moderation: Wenn das geschehen ist, können die Moderatoren eine Dramaturgie machen.

Durchdenken der Bedingungen (S. 159)

3. Dramaturgie machen

Dramaturgie heißt, die Reihenfolge der methodischen Schritte festlegen. Die Gruppe soll sich aus den gegebenen Vorbedingungen so entwickeln, daß sie einen Lösungskatalog erabeitet, hinter dem sie verantwortlich steht. Dabei müssen in den drei Hauptphasen der Moderation - Problemsammlung und -strukturie-

Ablauf einer Moderation (S. 163 ff)

rung, Problembearbeitung, Problemlösung - immer beide Ebenen, Kopf und Bauch, Verstand und Gefühl methodisch berücksichtigt werden.

Dann setzen die Moderatoren ihre Dramaturgie in einen Ablaufplan um, in dem die methodischen Schritte, benötigte Zeit, Moderatoreneinsatz und Materialeinsatz genau bezeichnet sind.

Ungeübte Moderatoren sollten sich eine sehr exakte Dramaturgie machen und versuchen, nachher ihre Abweichungen zu besprechen und daraus zu lernen.

Moderatoren die ihr Handwerk, die Methode, gut beherrschen und viel Erfahrung im Umgang mit Gruppen haben, können die ersten Schritte dramaturgisch vorplanen und dann jeweils sich auf die spezifische Situation der Gruppe einstellend, die Dramaturgie weiterentwickeln. Unserer Erfahrung nach ist es wichtig, das Kennenlernen (erster Abend) und die Problemsammlung, also den Einstieg, genau vorzustrukturieren, dann entfaltet die Gruppe sowieso ein Eigenleben, auf das die geübten Moderatoren spontan eingehen können.

4. Vorbereiten der Plakate

Mit der Dramaturgie haben die Moderatoren festgelegt, welche Fragen, Listen und Rasterplakate sie brauchen. Sie haben damit auch ihre Arbeitseinteilung vereinbart. Entsprechend können sie in Einzelarbeit die Plakate visualisieren.

Visualisierung (S. 31 ff)

Das Malen, Schneiden, Kleben, diese handwerkliche Beschäftigung ist zugleich eine angenehme innere Einstimmung der Moderatoren auf die zu erwartende Gruppe. Aus den fertigen Plakaten strahlt auch die Stimmung der Moderatoren hinsichtlich der Gruppe aus: zum Beispiel,
o daß die Moderatoren sich mit der Gruppe gedanklich beschäftigt haben,

o daß sie die Teilnehmer und ihre Probleme ernst nehmen,
o daß sie es wichtig fanden, sich gut vorzubereiten.

Das trägt mit dazu bei, die Gruppe einzustimmen, auch wenn diese Ausstrahlung unbewußt bleibt. Sie werden es einer Gruppe auch sofort anmerken, wenn Sie selbst sich nur unwillig mit ihr beschäftigt haben, daher auch schlecht vorbereitet haben und die Plakate widerwillig gemalt sind.

5. Vorbereitung der Umwelt

Die gedankliche und handwerkliche Beschäftigung mit der Umwelt trägt ebenso zur Einstimmung der Moderatoren bei. Dazu gehört die Gestaltung des Raumes, Planung von seminaradäquatem Essen und Trinken, die Unterbringung und Freizeitmöglichkeiten. Je nachdem, welche räumlichen Bedingungen vorhanden sind, ob eigener Trainingsraum oder gemietetes Hotel, werden die Vorbereitungen unterschiedliches Ausmaß haben.

Moderationsumgebung (S. 169 ff)

Problemklausuren sollten auf jeden Fall außerhalb des Arbeitsortes in wirklicher Klausurstimmung stattfinden, das heißt, es sollten auch wirklich alle Teilnehmer außerhalb übernachten.

Die Materialbereitstellung ist unproblematisch, wenn wir sie selbst übernommen haben. Menge und Art müssen hingegen sorgfältig geprüft werden, wenn eine andere Stelle dafür verantwortlich ist, weil erfahrungsgemäß meistens etwas fehlt. Auch die rechtzeitige Lieferung ist meistens schon ein Problem. Oft standen wir schon ohne Material vor der Gruppe, weil irgendwer das für nicht so wichtig hielt.

Die Autoren

Dr. Karin Klebert    Dr. Einhard Schrader    Walter G. Straub

Dr. Karin Klebert

Seit 1969 arbeite ich auf dem Gebiet der Erwachsenenbildung. Die Grundlage meiner Tätigkeit ist die ModerationsMethode, die ich in den Jahren 1970 bis 1976 im Quickborner Team, bei Metaplan und Com Team mitentwickelt habe. Diese Richtung vertiefe ich seit 1976 in Selbsterfahrungsprozessen sowie durch eine Ausbildung in Bioenergetischer Analyse und einer intensiven Beschäftigung mit systemischer Familientherapie, aus denen ich eine Reihe neuer Trainingsformen entwickelt habe. Für mich ist Lernen ein Prozeß, der mich lebendig erhält, und diese Haltung versuche ich auch, den Teilnehmern in meinen Trainings und Seminaren zu vermitteln.

Studiert habe ich in Wien und Münster/Westf. (Philosophie, Psychologie, Kunstgeschichte und Soziologie).

Heute lebe ich in St. Andrä-Wördern bei Wien als selbständige Moderatorin zusammen mit meinem Mann, Einhard Schrader. Außer im deutschsprachigen Raum arbeite ich auch im europäischen und außereuropäischen Ausland. Der Schwerpunkt meiner Arbeit liegt im Bereich der zwischenmenschlichen Kommunikation. Ich führe Workshops, Trainings und Seminare durch und berate Personen und Institutionen auf diesem Gebiet.

Dr. Einhard Schrader

Jahrgang 1940. Ich promovierte 1971 in Soziologie und absolvierte eine psychotherapeutische Ausbildung. Seit Anfang der 70er Jahre arbeite ich als Kommunikationsberater für Organisationen im privatwirtschaftlichen Bereich. Den Schwerpunkt meiner Tätigkeit bildet die Beratung von Unternehmen und von einzelnen Führungskräften bei persönlichen oder strategischen Veränderungsprozessen. Zahlreiche Lehrprogramme und Weiterbildungskonzepte wurden von mir im Rahmen dieser Tätigkeit erstellt.

Die Moderation spielt heute in der Wirtschaft eine wichtige Rolle in der Aus- und Fortbildung und bei der Umsetzung strategischer Prozesse. Als Mitglied des Quickborner Teams habe ich an der Entwicklung der ModerationsMethode mitgearbeitet und setze diese seit nunmehr über 20 Jahren bei meiner Beratungstätigkeit ein.

Walter G. Straub

Jahrgang 1945. Geschäftsführender Gesellschafter von ComTeam. Nach meiner in Berlin verbrachten Jugend habe ich in Frankfurt und Darmstadt Maschinenbau, Betriebswirtschaft und Psychologie studiert. Seit 1970 arbeite ich mit Gruppen. Angefangen habe ich mit Organisations-Planungen und Strategie-Entwicklungen in einer Zentralabteilung bei der Siemens AG in München. Im Quickborner Team habe ich als Mitgesellschafter im Planungs- und Trainingsbereich weitere Erfahrungen gesammelt.

1974 haben meine Frau und ich ComTeam gegründet, u.a. auch mit der Absicht gemeinsam für Arbeit, Haushalt und unsere Kinder zu sorgen.

ComTeam ist ein Beratungsunternehmen, das sich mit der Systemischen Beratung bei der Gestaltung von Veränderungs-Prozessen: Strategie- Unternehmens- und Kultur-Entwicklung, Reorganisation und Konfliktbearbeitung in Gruppen beschäftigt. Darüber hinaus bietet ComTeam eine Ausbildung in Systemischem Prozeßmanagement an.

Veröffentlichungen der Autoren zum Thema:

Klebert, Schrader, Straub
Workbook. Ein Methoden-Angebot als Anleitung zum aktiven Gestalten von Lern- und Arbeitsprozessen in Gruppen.
Windmühle GmbH, Hamburg, 1994.

Klebert, Schrader, Straub
KurzModeration. Anwendung der ModerationsMethode in Betrieb, Schule, Kirche, Politik, Sozialbereich und Familie, bei Besprechungen und Präsentationen. Mit 20 Beispielabläufen.
Windmühle GmbH, Hamburg, 1994.

Klebert, Schrader, Straub (Übersetzung Mike Stevens)
Winning Group Results, Techniques for Guiding Group Thought and Decisionmaking. Processes with the ModerationMethod. Contains 22 Case Studies.
Windmühle GmbH, Hamburg 1994.

Reihe ModerationsMethode in der Praxis (Hrsg. Einhard Schrader):

Band 1: Nissen, Iden
KursKorrektur Schule. Ein Handbuch zu Einführung der ModerationsMethode im System Schule für die Verbesserung der Kommunikation und des Miteinander-Lernens. Mit 15 Fallbeispielen.
Windmühle GmbH, Hamburg, 1995

Band 2: J. Freimuth
Moderation in der Hochschuldidaktik in Vorb.,
Windmühle GmbH, Hamburg, 1996

Band 3: H. Kröger u.a.
Moderation von EDV-Projekten in Vorb.,
Windmühle GmbH, Hamburg, 1996

Die Reihe wird fortgesetzt.

Das Train the Trainer-Buch

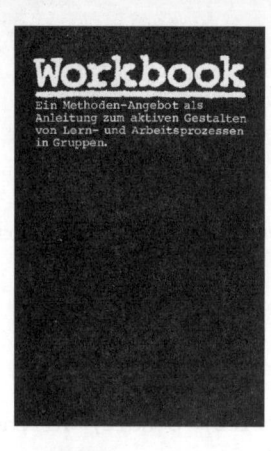

J. Dierichs, B. Helmes, E. Schrader, W. G. Straub
WORKBOOK
Ein Methoden-Angebot als Anleitung zum aktiven Gestalten von Lern- und Arbeitsprozessen in Gruppen
4 Ringmechaniken, extra gebundener Leitfaden, 520 Seiten, attraktiver Kunststoff-Ordner, 198.– DM, 1545.– öS, 196.– SFr
ISBN 3-922789-12-9

Das Workbook ist wie ein „Werkzeugkasten der Didaktik" aufgebaut. Vier Fächer enthalten insgesamt 140 verschiedene Bausteine in Form von didaktischen Methoden. Sie helfen aktiv, ein Seminar, ein Training, Tagungen, Arbeitsbesprechungen, Problemlösungsklausuren oder Informationsveranstaltungen zu planen und zu gestalten. Dabei zeigen sie eine Vielfalt von Alternativen auf, so daß Sie lernen, ein breites Methodenspektrum auch einzusetzen.
Der extra gebundene Leitfaden des Workbooks führt Sie leicht verständlich in den Stil des Buches ein und zeigt Ihnen seine vielfältigen Nutzungsmöglichkeiten. Er ist außerdem ein lerntheoretischer Unterbau - ohne zu theoretisieren.
Als Ratgeber und unerschöpflicher Ideenkatalog für die Praxis des Trainers, Seminar- oder Kursleiters sowie für die betriebliche Aus- und Weiterbildung ist das Workbook eine Fundgrube. Den Autoren ist es mit diesem Werk erstmals gelungen, alle heutigen Trainingsmethoden systematisch zu erfassen und übersichtlich zu gliedern.

Dave Francis, Don Young
MEHR ERFOLG IM TEAM
Ein Trainingsprogramm mit 45 Übungen zur Verbesserung der Leistungsfähigkeit in Arbeitsgruppen
293 Seiten, zahlr. Abb., Checklisten und Tabellen,
68.– DM, 530.– öS, 69.80 SFr
ISBN 3-922789-04-8

Jeder Trainer macht Seminare zum Thema Teamarbeit und hat „sein" Konzept. Trotzdem möchten wir dieses Buch empfehlen. Es enthält mehr als ein komplettes, logisch strukturiertes Seminar. Ein ausgefeilter und erprobter Diagnosebogen arbeitet mit kürzestem Zeitaufwand (ca. 30 Min.) präzise die Stärken und Schwächen eines Teams heraus. Sie können also haargenau bedarfsbezogen Ihr Seminar ausrichten. Die anschließenden 46 Übungen bieten Ihnen die Möglichkeit, typische Defizite im Team aufzuarbeiten und diskussionsfähig zu machen. Die Übungen stammen dabei nicht aus der gruppendynamischen Tradition, sondern es handelt sich eher um strukturierte Erfahrungen, die eng an Problemsituationen der täglichen Praxis angelehnt sind. „Mehr Erfolg im Team" ist eines der wenigen guten Konzeptionsbücher, das viel Knowhow der Autoren verrät. Es wurde aus dem Amerikanischen übersetzt von Hermann Weber.

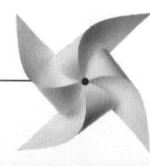

Hermann Weber
ARBEITSKATALOG DER ÜBUNGEN UND SPIELE
Band 1
Ein Verzeichnis von über 800 Gruppenübungen und Rollenspielen
960 Seiten, 1 herausklappbares Faltblatt, geb.,
98.– DM, 765.– öS. 100.10 SFr
ISBN 3-922789-22-6

Doris Röschmann
ARBEITSKATALOG DER ÜBUNGEN UND SPIELE
Band 2
Ein Verzeichnis von 400 Gruppenübungen und Rollenspielen.
Hrsg. Hermann Weber
2. Auflage 1994, 521 Seiten, 1 herausklappbares Faltblatt, geb.,
59.- DM. 460.20 öS. 60.60 SFr
ISBN 3-922789-35-8

Die zwei Arbeitskataloge der Übungen und Spiele sind die umfangreichsten Lexika, in denen über 1200 strukturierte Erfahrungen, Rollenspiele, Fallstudien, Demonstrationen und Interaktionsspiele systematisch erfaßt und dem schnellen Zugriff erschlossen wurden.
Zu jeder einzelnen Übung finden Sie auf einer Seite stichwortartige Angaben über Ziele, Inhalt, Zeitaufwand und den organisatorischen Ablauf der Spiele beschrieben. Aufgenommen sind Hinweise auf die Originalquellen (Autor, Titel, Band-Nummer und Seitenangaben). Instruktionen werden so z.B. sofort und ohne unproduktive Suchzeit für Sie greifbar. Die Übungen und Rollenspiele sind inhaltlichen Gesichtspunkten (den Zielen) zugeordnet.

O. G. Wack, G. Detlinger, H. Grothoff
KREATIV SEIN KANN JEDER
Kreativitatstechniken für Leiter von Projektgruppen, Arbeitsteams, Workshops und von Seminaren.
Ein Handbuch zum Problemlösen
159 Seiten, geb., zahlr. Abb.,
48.– DM, 375.– öS, 49.40 SFr
ISBN 3-922789-42-0

Kreativ sein kann jeder, gerade wenn es um komplizierte Probleme geht. Mit diesem Buch vermitteln die Autoren Anregungen, solche Probleme mit den richtigen, sehr unterschiedlichen Kreativitätstechniken anzugehen. Diese Methoden sind einfach, jedermann kann sie lernen, sie machen Spaß und führen ein Team zu erfolgversprechenden Lösungsansätzen.
Nach einer fachlich fundierten Einführung in die Thematik werden alle Kreativitätstechniken, geordnet nach ihren Prinzipien, ausführlich beschrieben. Das Buch lebt von den Beispielabläufen aus Problemlösungssitzungen, die als „Sitzungsprotokolle" dargestellt sind. Sie zeigen, wie die einzelnen Methoden greifen, wie Lösungsansätze entstehen.
Trainer erfahren darüber hinaus, wie ein Seminar zur Einführung in die Kreativitätstechniken aussehen könnte. Den Abschluß bilden einige entspannungs- und kreativitätsfördernde Gruppenübungen.

Windmühle GmbH · Verlag und Vertrieb von Medien
Postfach 55 10 80 · 22570 Hamburg

Tel. 0 40 - 86 83 07
Fax 0 40 - 866 31 23